# 职链:在时服务

陈晓峰 王思远 著

中国商业出版社

**图书在版编目(CIP)数据**

职链:在时服务/陈晓峰,王思远著.—北京:
中国商业出版社,2021.3
ISBN 978-7-5208-1534-5

Ⅰ.①职… Ⅱ.①陈…②王… Ⅲ.①就业问题-研究 Ⅳ.①C913.2

中国版本图书馆 CIP 数据核字(2020)第 259761 号

责任编辑　包晓嫱　佟　彤

中国商业出版社出版发行
010-63180647　www.c-cbook.com
(100053　北京广安门内报国寺 1 号)
新华书店经销
常熟市新骅印刷有限公司印刷

＊

890 毫米×1240 毫米　32 开　6.75 印张　169 千字
2021 年 3 月第 1 版　2021 年 3 月第 1 次印刷
定价:78.00 元

＊＊＊＊
(如有印装质量问题可更换)

# 出版说明

就业问题是关系到国计民生的重大问题。灵活用工、零工经济已经成为伴随服务经济、数字经济发展而兴起的新就业形态。对于企业来说，灵活用工可以降本增效，弥补企业生产需求缺口；对于个人来说，灵活用工可以满足就业者对自由、灵活个性化工作岗位的需求；对于社会来说，灵活用工促进生产关系的变革，带动大量就业，开启新经济模式，赋能社会发展。灵活用工产业要得到快速发展，有许多痛点问题需要解决。区块链技术能够利用全新加密技术、全网共识机制、去中心化的运作模式有效解决灵活用工的痛点问题，为灵活用工产业提供技术支持。本书从劳动力市场现状、灵活用工产业瓶颈、传统灵活用工平台的解决方案出发，提出区块链赋能灵活用工产业的解决方案，构建区块链＋灵活用工平台——职链，解决当前严峻的结构性失业问题，助力经济增长与发展。

全书分为五个部分，共十七章。第一、第二部分主要为对灵活用工产业的介绍。第三部分介绍区块链技术如何从招聘、管理、支付等几个方面解决灵活用工产业面临的问题。第四部分介绍了灵活用工平台的网络效应。第五部分阐述了职链如何重塑灵活用工产业的,助力社会经济发展。

# 序 言 一

就业问题是最基本的民生问题,每一个国家对此都非常重视。然而随着科技的发展与进步,自动化及人工智能正不断替代现有的大量工作,同时随着经济增长方式的转变,也使得部分行业发展受到限制,相应地也将大幅削减这些行业的劳动力需求,从而带来严重的结构性失业问题。并且随着第五次科技革命的到来,科技的进步速度进一步加快,生产力快速发展,生产关系也必然随之快速改革,而劳动力的培育则需要一定的时间积累,就业问题将会变得越来越严峻。

近年来,随着数字经济和平台经济的快速发展,服务主体和就业人数也在不断增加,同时也催生了一些新就业形态和灵活就业岗位,带动社会就业的作用非常显著。灵活用工、零工经济已经成为伴随服务经济、数字经济发展而自然兴起的新就业形态。

在国外,灵活用工早已被证明是企业面对激烈的竞争环境和技术变革时所采取的有效战略之一,并得到了普遍运用和推广。而随着经济的发展，我国劳动群体就业观念也在逐渐发生改变，劳动主体年轻化，以90后、95后为代表的新一代青年更崇尚自由，希望从固定的工作岗位中释放出来，朝九晚五的固定雇佣、终身"铁饭碗"的用工形式已不是年轻群体的最优选择。相反，时间、工作安排更加灵活的新型灵活就业模式受到了年轻群体的欢迎。

当然，灵活用工也不单单只是90后、95后等年轻群体的天下。根据全球知名咨询管理公司麦肯锡的研究报告显示，在欧美有超过四分之三的零工一族都在25岁以上，有很多适龄职工退休时还会选择灵活就业，赚取更多的生活开支。这种情况在国内也越来越普遍，2017年灵活用工白皮书显示，50岁以上的求职者在各大网络平台中约有1%的占比，不少退休人员通过平台实现再就业，这也是国内灵活用工发展的一大因素。

2015年是中国的"共享经济元年"，以共享经济为代表的新经济为我国创造了大量的灵活就业岗位，大大刺激了我国的灵活就业市场，不少劳动者放弃原本的全职岗位或从待业关系中走出，进入灵活就业大军中。

在劳动观念、市场用工形态、新经济等多重因素共同作用下，中国的劳动力市场催生了大量的灵活就业者，"灵活用工"行业收入规模也逐年走高，按照复合增长走势将呈"J"形指数型增长。《2017"灵活用工"生态白皮书》中预测，到2025年，中国整个灵活用工行业收入规模将达到12.4万亿元。中国发布的《数字经济2.0报告》也预测，在未来20年，8小时工作制将被打破，在中国有高达4亿以上的劳动力将通过互联网实现自我雇佣和自我就业，占中国总劳动力的一半以上。

我们关注的是中国最广大的劳动就业者，也期望通过灵活用工等多种新的就业形态，让普通劳动者可以更自由、更快速、更高效地找到合适的岗位，同时帮助更多人解决就业、生存、致富的问题。

# 序 言 二

就业问题不仅与劳动者的生活水平息息相关,同时制约经济水平的发展。因此,就业问题是最基本的民生问题,每一个国家都对此非常重视。凯恩斯在《就业、利息与货币通论》中将失业分为摩擦性失业、结构性失业与周期性失业,在他生活的时代,摩擦性失业问题是主要的失业原因。但当前摩擦性失业在科技发展下已经不再是失业的主导因素,如互联网催生网上招聘网站,使得寻找工作者可以在瞬间实现数以万份简历的投递,也可以通过关键词搜索快速找寻相应的工作岗位,而周期性失业是伴随经济发展周期不可避免的失业现象,大多数学者对其的观点普遍是通过政策、法律等形式减轻周期性失业带来的影响。但对于结构性失业问题,目前还难以提供一个完美的解决方案。

科技的发展与进步,一方面会催生大量新行业与新的工作机会,但另一方面也对简单劳动带来巨大的冲击。麦肯锡全球研究院发布的报告，预测了到 2030 年因自动化或者人工智能的发展而创造的新的工作岗位和消失的工作岗位。据调查，自动化能够替代全球 50% 的工作，能够实现完全自动化的工作达到 5%。可以看到科技的发展将会带来深远的劳动力危机。

同时，经济增长方式的转变，使得经济发展中越来越重视生态环境的保护，追求绿色全要素生产率，生态经济发展，部分行业如采矿、挖煤等将被限制，将带来这些行业的劳动力需求大幅削减，带来严重的结构性失业问题。同时，行业内部的劳动力需求不均衡，大量的 35 岁以后的壮年劳动力失业，同时伴随着大量企业人才缺口难以满足，大量失业与人才短缺并存。在中国，一方面以 IT 行业为代表的很多的新兴行业如区块链、人工智能等企业人才缺口巨大，招不到人。据国际权威咨询机构 Gartner 预测，中国区块链人才缺口将随着区块链的发展达 75 万人以上，全球区块链人才缺口也将达 500 万人。另一方面传统的互联网公司又在大量裁人，以头部互联网公司为例，腾讯 2019 年裁减了比例为 10% 左右的中层干部；滴滴 2019 年裁员 15%，其裁员总人数达到 2 000 人；京东在 2019 年也进行了大规模裁员，接近 1.2 万个工作岗位被裁减，很多团队的员工面临失业。因此催生出大量的未到退休年龄的失业者，政府也推出"4050"工程，为特殊历史时期形成的女性 40 岁以上、男性 50 岁以上的下岗协保失业等就业困难群体量身定制就业岗位，如滴滴司机、外卖员等，以市场化、社会化的运作机制，促进失业者再就业。以滴滴为例，截至 2016 年 5 月底，滴滴为 17 个重点去产能省份提供了 388.6 万就业机会。再就业的同时意味着众多传统行业的普遍失业。

不论是科技的进步发展还是经济增长方式、经济结构的变迁，都造成大量的结构性失业问题，并且随着第五次科技革命的到来，科技的进步速度进一步加快，生产力快速发展，生产关系也必然随之快速改革，就业问题将会变得越来越严峻。

奥肯定律指出失业率每下降一个百分点，将带来 GDP 增长两个百分点。那么，在当前的科技革新飞速的背景特别是我国新基建的支撑下，加之全球经济在 2008 年金融危机之后持续的疲软亟须新的推动，怎样去应对结构性失业问题就显得至关重要。在新技术带来生产力提升的背景下催生出了全新的生产关系——灵活用工模式，也就是以合作关系替代雇佣关系，将最大程度激发劳动创造力。灵活用工模式与传统固定用工模式的区别表现为劳动者时间和数量的灵活、用工方雇佣形式和管理方式灵活、服务商服务形态灵活等，本质是用工关系的灵活，个人与组织的关系从传统的劳动关系变为广泛的劳务和合作关系。对于企业来说，灵活用工可以降本增效，弥补企业生产需求缺口；对于个人来说，灵活用工可以满足就业者对自由、灵活个性化工作岗位的需求；对于社会来说，灵活用工能促进生产关系的变革，带动大量就业，开启新经济模式，赋能社会发展。

但是现阶段对灵活用工模式的支撑体系如监管、支付等仍存在较大的缺陷，难以实现对灵活用工模式的有效保障。那么，如何去解决这一问题将成为当前灵活用工产业发展不可忽略的因素。

虽然已有大量的灵活用工平台如 Personio、51 社保等运用互联网、物联网等技术在一定程度上提出该问题的解决方案，并取得一定的成效，但仍无法实质解决该问题，相反还暴露出其他的问题与缺陷。

以新技术应对新技术带来的结构性失业问题被认为是对该问题最佳的解决方案，那么作为新技术的前沿——区块链如何赋能就业领域，如何赋能灵活用工产业，这是本书想要叙述的内容与目标。区块链利用全新加密技术、全网共识机制、去中心化的运作模式有效地解决了灵活用工的痛点，为灵活用工产业提供技术支持。

本书从劳动力市场现状、灵活用工产业瓶颈、传统灵活用工平台的解决方案出发，提出区块链赋能灵活用工产业的解决方案，构建区块链+灵活用工平台——职链，以解决当前全球严峻的结构性失业问题，助力全球经济增长与发展。

# 目 录

## 第一部分 生产关系：困局亟须破解

**第一章 表象：就业问题** 003
  第一节 全球劳动力危机 003
  第二节 困境：劳动力缺失VS劳动力过剩 006
  第三节 创新带动就业，新公司如何获取人才？ 007
  第四节 劳动力市场不完善，失业问题棘手 009
  第五节 区域基础设施受限，抑制当地就业水平的提高 010
  第六节 法律环境影响就业 013

**第二章 经济实质：劳动力不匹配阻碍经济腾飞** 016
  第一节 科技飞速发展，结构性失业难以避免 016
  第二节 经济现状不足以形成庞大的劳动力需求 020
  第三节 劳动市场失灵阻碍经济发展 023
  第四节 劳动力供给难以匹配经济发展 029

**第三章 历史与哲学：生产关系不适应生产力** 033
  第一节 生产关系与生产力不匹配，社会问题层出不穷 033
  第二节 经济变革催生新型就业问题 035
  第三节 组织形式变化，劳资问题层出不穷 038
  第四节 制度变化下，就业问题眼花缭乱 040
  第五节 全球生态恶化，部分行业劳动力需求减少 046

**第四章 中国视角：经济新常态下的劳动力** 049
  第一节 社会生产力高速发展，生产关系难以适应 049
  第二节 二元经济结构仍在，农村劳动力问题面临新挑战 051

第三节　环境生态问题严峻,部分行业受限　053

第四节　新阶段,新需求　055

第五节　法律限制集体争议,影响劳动者权益保护　062

# 第二部分　灵活用工:产业组织与生活方式的伟大变革

第五章　灵活用工产业概况　069

第一节　传统用工 VS 灵活用工　069

第二节　灵活用工产业的特征　071

第三节　改革用工模式　073

第四节　新经济催生灵活用工新活力　076

第五节　灵活用工产业成长史　079

第六节　深层需求决定广阔未来　080

第六章　职业教育培训新业务拓展　083

第一节　职业培训完善行业内涵　083

第二节　"1+X"国家职业教育改革大潮　087

第三节　职业培训的政策与社会红利　093

第七章　如何成为灵活用工者?　097

第一节　什么是灵活用工者?　097

第二节　灵活用工者的能力需求　098

第三节　未来期望　102

第四节　头部灵活用工者画像　103

第五节　灵活用工者团队构建　105

第八章　当下灵活用工产业的痛点　106

第一节　信息不实控制难,诚信用工难继续　106

第二节　鉴证成本降低难,灵活用工难保障　109

第三节　平台黏性减小难,企业规模难扩大　109

第四节　合同篡改追溯难,用工争议难解决　111

第五节　工资税负计算难,企业成本难控制　112

# 第三部分　灵活用工平台价值网络转型升级：区块链核心

第九章　招聘模块　117
　　第一节　什么是招聘？　117
　　第二节　传统招聘的实现　118
　　第三节　痛点　122
　　第四节　区块链：赋能招聘环节　123
　　第五节　具体案例　127

第十章　支付模块　128
　　第一节　什么是支付？　128
　　第二节　传统支付的实现　129
　　第三节　痛点　131
　　第四节　区块链：赋能支付环节　133

第十一章　管理模块　137
　　第一节　什么是管理？　137
　　第二节　企业用工管理的实现　138
　　第三节　痛点　145
　　第四节　区块链：赋能管理环节　146

第十二章　发展模块　149
　　第一节　什么是发展？　149
　　第二节　传统发展的实现　149
　　第三节　痛点　154
　　第四节　区块链：赋能发展环节　155

第十三章　创新中的创新：全新的支付流转工具　159
　　第一节　DCEP 的简介　159
　　第二节　如何应用 DCEP？　171
　　第三节　职链+ DCEP 的意义　174

第十四章　职链:预期效果与行业未来俯瞰　176
　　第一节　深刻见解预见职链蓝图　176
　　第二节　职链引领社会新潮流　177
　　第三节　职链描绘灵活用工产业的未来宏图　177

# 第四部分　网络效应:灵活用工平台的"护城河"

第十五章　网络效应助力灵活用工平台的发展　185
　　第一节　网络效应是什么？　185
　　第二节　灵活用工平台中的网络效应　188
　　第三节　网络效应与平台成长　190

# 第五部分　职链:重塑灵活用工行业发展模式

第十六章　赋能不同主体,解决用工体系难题　195
　　第一节　实现多维度价值　195
　　第二节　提供合理方案解决用工难题　197

第十七章　改革生产关系,助力国家经济发展　199
　　第一节　强大团队构建宏伟蓝图　199
　　第二节　完美生态助力经济复苏　200
　　第三节　伟大创新推动历史发展　201
　　第四节　企业价值引领中国经济腾飞　201

第一部分

# 生产关系：困局亟须破解

# 第一章 表象：就业问题

## 第一节 全球劳动力危机

就业问题是最基本的民生问题，是每一个国家都需要重视的。简单来说，就业就是劳动者寻找工作，其中储藏在劳动者身体中的脑力和体力的总和便构成了劳动力，他们包括已经有工作以及暂时失业但是在寻求工作的人群。劳动力是一种商品，其供求构成了劳动力市场。随着新技术的不断推进，世界劳动力市场供求关系也会随之发生变化。虽然劳动力市场因不同国家的具体情况和政策而异，但是总体来说，全球劳动力市场变化还是具有一定的一致性。

全球劳动力危机是指劳动力市场出现比较大程度的劳动力短缺或者过剩，即劳动力市场供求失衡。据统计和预测，全球劳动力市场从现在到未来的20年内，存在着发生劳动力危机的隐患。具体来说，劳动力危机分为两个阶段，第一阶段是目前到未来10年内，世界上大部分国家都被失业问题所困扰,即劳动力供给大于需求。第二阶段是预测未来10年,世界上的许多国家都将会遇到不同程度的劳动力短缺、劳动技能不匹配以及文化挑战等问题。

## 一、第一阶段:失业问题

预测结果显示,未来10年内,我国劳动力人口将从7.3亿人持续减少到2030年的6.27亿人(图1.1),劳动人口不断下降,失业人数不断增多,在人口总数保持相对平稳或略有增长的情况下,失业率预计会不断提高。

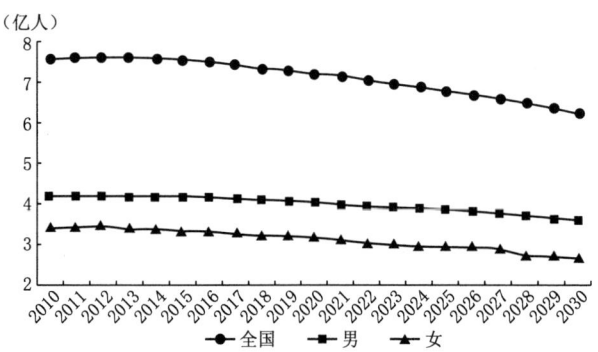

资料来源:《未来十年我国劳动力供求趋势分析》,《经济日报》2020年10月15日。

**图 1.1　中国 2010—2030 年全国劳动力人口规模变化趋势**

表 1.1　未来失业人口预测　　　(单位:万人)

|  | 劳动年龄人口<br>(劳动力供给) | 平均就业需求<br>(劳动力需求) | 失业人口 |
| --- | --- | --- | --- |
| 2022 年 | 107 099.5 | 82 154.7 | 24 944.8 |
| 2025 年 | 108 530.0 | 83 413.7 | 25 116.3 |
| 2026 年 | 108 960.2 | 83 846.5 | 25 113.7 |
| 2030 年 | 111 116.6 | 86 594.5 | 24 522.1 |

资料来源:复旦大学、清华大学、J.P.摩根:《中国劳动力市场技能缺口研究》,2016年。

## 二、第二阶段：全球性劳动力短缺

目前，世界上有 15 个最大的经济体，其 GDP 总和占世界 GDP 总数的 70% 以上，一定程度上代表了世界经济状况的发展。有团队模拟了这 15 个世界上最大的经济体的劳动力供给和需求。在 2020 年，部分国家仍会有劳动力剩余，例如美国、法国、意大利。但是到 2030 年，预计世界上可能不会再有存在劳动力剩余的国家，劳动力危机将遍及全球，中国、巴西和俄罗斯这三个金砖国家也不能幸免（图 1.2、图 1.3）。

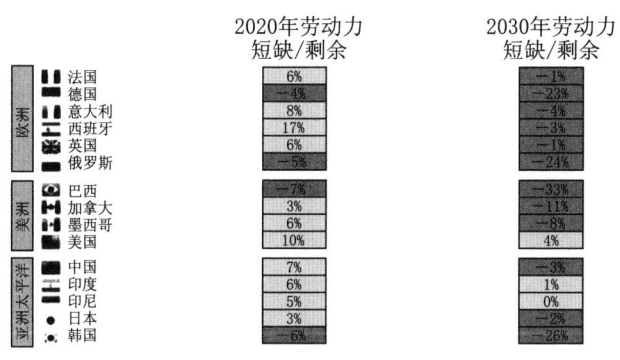

**图 1.2　全球劳动力市场危机**

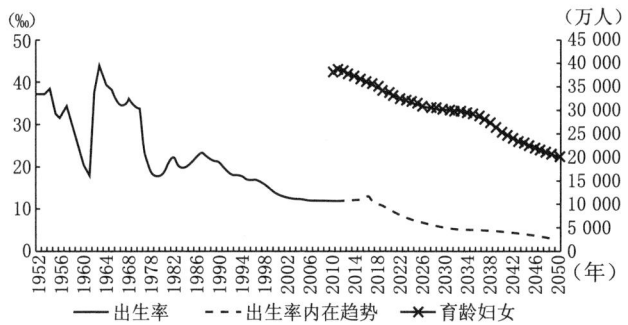

**图 1.3　中国人口出生率和育龄妇女人数及其发展趋势**

预计未来 10 年到 20 年内，人口出生率持续下降，我国劳动力供给人数随之下降，劳动力供给短缺有很大可能出现。

## 第二节　困境：劳动力缺失 VS 劳动力过剩

当前，世界正面临着一轮新的技术革命，新技术正推动着5G、人工智能等新兴产业的出现，它们的到来不断挑战着传统产业。由于新技术的冲击，传统产业、新兴产业都无可避免地面临着一方面劳动力缺失、另一方面劳动力过剩的两难困境。

技术发展对劳动力市场的直接或间接影响体现在就业岗位的变化。首先，新兴产业受新技术的影响最大。一般来说，新技术使得劳动力拥有更高的边际生产力，从而使新兴产业劳动力的劳动生产率高于传统产业，劳动报酬（工资）也随之提高。高工资吸引着传统产业劳动力的游离和转换，导致就业岗位在宏观上变换结构，传统产业出现劳动力短缺现象。新技术的推广和应用需要劳动力，从而创造了新的职业或部门，并逐步增加新兴产业的就业岗位，劳动力需求提高。但是，技术的发展和应用颠覆了劳动力与劳动工具结合的传统模式，提高了劳动比率和资本密度，同时，技术的进步对劳动力的综合素质也提出了更高的要求，越来越多新的劳动技巧产生并应用，旧的劳动模式逐渐被边缘化，使得就业岗位发生变化，新就业岗位取代传统就业岗位，技术密集型产业随之诞生。从传统产业转移过来的劳动力大多因为没有掌握新技术下的劳动技能而被淘汰，使得其离开了传统产业却无法被新兴产业吸收，导致新兴产业同样出现劳动力短缺的问题。

其次，在新技术应用的初级阶段，技术的变革也会导致就业机会和就业岗位的减少，资本对劳动的替代效应也越来越明显，因此造成职业岗位减少，出现劳动力过剩的现象。另外，新技术的到来同样催生着传统产业的产业升级。机器的发明和升级，使得传统行业走向更自动化、机械化的时代，以往传统轻重工业所依赖的人力生产线也逐渐被机器取代，从这一方面来说，传统产业同样面临着劳动力过剩的窘境。

从图 1.4 中可以看出，一些传统产业在连续两年先后遇到了正负缺口率，表示劳动力一方面短缺、一方面过剩。而新兴产业由于无法吸收传统产业流动过来的劳动力，目前依然有很大的缺口。

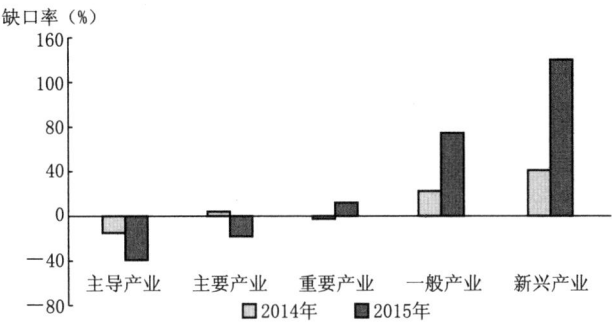

图 1.4　分年度不同产业的缺口

## 第三节　创新带动就业，新公司如何获取人才？

就业问题同样出现在劳动力需求端也就是公司上。在清华大学、复旦大学和 JP 摩根于 2016 年联合发布的《中国劳动力市场技能缺口研究》报告中，大多数企业或多或少都存在着人才缺口，其主要内容有三条。

第一，基本不存在不缺乏人才的企业，平均每个企业短缺 6.38 种人才，其中，财务管理人才和市场营销人才缺口相对较小。

第二，不同属性企业具有不同程度的人才缺口。其中，相对成长型企业，转型企业面临的人才短缺问题更严峻。具有专业性素质的人才有向专业领域集中的趋势，导致综合领域缺乏专业人才。

第三，人才缺口也具有地区差异性，基本上从东到西人才短缺程度加剧。①

---

① 清华大学、复旦大学、J.P.摩根：《中国劳动力市场技能缺口研究》。

人才短缺对公司获取人才提出了更高的要求，在这种大环境下，一个良好的招聘渠道对于公司来说显得尤为重要，可以让企业处于相对优势地位。以往的公司往往通过传统渠道获取人才，例如朋友推荐、参加就业招聘会、去人才市场"猎人"等方式，这种招聘方式存在信息不对称的问题，劳动力需求端可能因不了解劳动力的技能和素质，或是受到了一些误导信息而最终使企业蒙受损失。随着新技术的不断推进，企业获取人才的方式不能停留原地，也应同步革新。创新带来了新的就业岗位和就业要求，了解所需劳动力是否具有相应素质和技能具有决定性作用。现今，人类进入了信息膨胀时代，各种信息鱼龙混杂，能否判断信息的真实性、可靠性、全面性决定着企业的招工质量。这种环境对公司和劳动力都提出了更高的挑战。一方面，劳动力必须要完善自身，努力学习新的技术，才能在市场上立于不败之地；另一方面，在面对与新技术匹配的劳动力不足情况下，企业如何开展更综合的测评来了解劳动力，如何利用规范的制度约束劳动力，如何用更高的薪资来吸引市场为数不多的高技术劳动力，是摆在企业头上的三大难题（图1.5）。

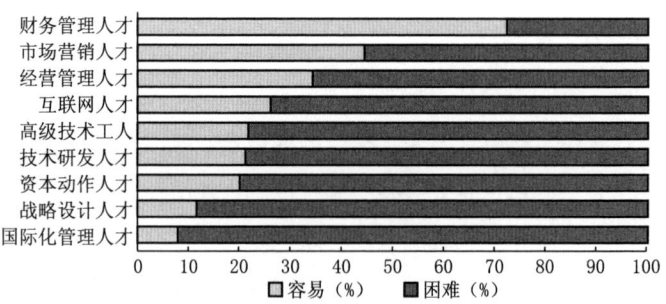

资料来源：《中国劳动力市场技能缺口研究报告》。

**图 1.5 调研企业所在地获得各类人才的难易情况**

可以看出，面对诸如高级技术、战略设计、国际化管理等高技能人才的需求，劳动力市场的供给并不足够，企业难以获取高技术人才。

## 第四节 劳动力市场不完善，失业问题棘手

### 一、市场主体残缺，失业问题难解

个体工商户、企业等市场主体是国民经济中不可或缺的基础。习近平总书记在企业家座谈会上的讲话中指出："市场主体是我国经济活动的主要参与者、就业机会的主要提供者、技术进步的主要推动者，在国家发展中发挥着十分重要的作用。"目前，我国市场主体受疫情影响，市场活力不高，导致市场主体数量不够。根据中国新闻网报道，截至 2018 年 11 月底，全国市场主体总数已达 1.09 亿户。但是随着新技术的引入和发展，高技术、高资本产业数量不足，劳动密集型产业亟待转型升级，自动化、机械化是未来的主流，造成可吸收劳动力的市场主体数量相对不足。

### 二、市场分割：人才难以快速获取企业需求信息

目前，我国的信息披露制度不完善，相关的信息行业公司无法获得其他公司的一些信息，或是出于投机、走关系等因素，发布一些假的、误导性的信息。而求职者因信息不对称，无法辨别信息的真假和是否有效，从而难以获取企业真正需要的劳动力相关信息，造成企业招工效率低、质量低的困境。同时，求职过程中还存在着逆向选择（求职者待价而沽）、道德风险（公司、求职者之间失约失信）的现象，究其根本原因是信息不对称，这也是目前我国劳动力市场急需解决的问题，政府和国家相关部门需要出台关于信息的规章制度来保护求职者和公司各自的权益。

## 三、市场环境欠佳，劳动力觅工难

经济增长方式的转变，使得经济发展中越来越重视生态环境的保护，追求绿色全要素生产率，生态经济发展，部分行业如采矿、挖煤等被限制，将带来这些行业的劳动力需求大幅削减，市场环境发生巨大变化。同时，受一些外部冲击（诸如自然灾害、人为事故等）影响，行业总体上的经济效益降低，一些公司被迫退出行业。而且行业内部的劳动力需求不均衡，大量的 35 岁以上的壮年劳动力失业，同时伴随着大量企业人才缺口难以满足，大量失业与人才短缺并存。在中国，以 IT 行业为代表的，有很多新兴行业如区块链、人工智能等企业人才缺口巨大，招不到人。据国际权威咨询机构 Gartner 预测，区块链技术及其衍生服务的发展将使中国区块链人才缺口超过 75 万，全球区块链人才缺口达 500 万。另外，传统的互联网公司又在大量裁人，以头部互联网公司为例，腾讯于 2019 年裁减了比例为 10%左右的中层干部；滴滴 2019 年裁员 15%，裁员总数达到 2 000 人；京东 2019 年进行了接近 1.2 万个工作岗位的大幅裁员，部分团队的员工可能有一半将面临失业危机。因此催生出大量的未到退休年龄的失业者，政府也推出"4050"工程，为 40 岁以上的女性、50 岁以上的男性等就业困难群体创造就业岗位，如滴滴司机、外卖员等，以市场、社会导向的机制运作，促进失业者再就业。以滴滴为例，截至 2016 年 5 月底，滴滴为 17 个重点去产能省份提供了 388.6 万个就业机会。再就业的同时意味着众多传统行业的普遍失业。在这个过程中，经济体内部环境更加恶劣，员工之间的恶性竞争也更加剧烈，最终导致失业增加、生活质量下降。

## 第五节　区域基础设施受限，抑制当地就业水平的提高

中国经济的一大问题是区域经济发展水平不一致，导致技术应

用水平不一致,产业发展水平不一致,因此造成区域劳动力需求之间的不平衡。举国家的支柱产业制造业为例,根据《中国劳动力市场技能缺口研究报告》显示,中国的制造业发展并不平均,主要内容有三条。

第一,中国的制造业就业主要集中于东部省份地区,东、中、西部依次递减。各地区就业比重在2003年到2013年并没有明显变化,总体制造业行业就业并没有明显的内迁趋势。

第二,不同技能水平行业的增长和空间分布模式变迁存在显著差异。相比于低技能水平制造业行业,高技能行业的就业增长相对更快,并且向东部地区集中的趋势相对更强。而随着行业技能水平的提高,行业就业在地区间再配置的趋势明显下降。

第三,制造业的分布模式将在很大程度上决定劳动力就业和技能需求的空间分布,在未来,相比于中、西部地区,东部地区高技能劳动力的需求将获得更快增长,技能缺口的缩小在很大程度上依赖于当地高技能劳动力供给的进一步增加。①

在科技生产力时代,行业的地理分布趋势受行业技术水平的影响更加明显。行业区域相邻近将加强企业与企业之间、产业与产业之间的知识溢出,依赖知识和创新的高技能产业通常受到更明显的影响,因此增长速度可能更迅速。技术含量低的行业对创新的依赖较低,对土地、劳动力等生产要素的投入成本比较敏感。因此,具有不同技能水平的行业的地理空间转移可能会有所不同。具体表现在高技术产业进一步向集聚区集中,低技术产业由于拥挤效应而离开这些地区。

不仅是制造业,第三产业服务业在东部的发展由于历史、地理、政治因素,同样远胜于西部,这种情况显著影响了劳动力市

---

① 清华大学、复旦大学:《中国劳动力市场技能缺口研究报告》。

场。高发展带来了更高的要素生产率,相应提高了要素报酬率,对于劳动力来说也就是工资。高工资吸引着西部的劳动者向东部迁移,农村的劳动者向城市迁移,以此带来了农民工。农民工的东迁在一定时间内使中国经济发生了腾飞。在改革开放以后,中国刚刚建立了市场经济,在萌芽阶段,中国有着得天独厚的劳动力供给充足、劳动力报酬低等优势,可以发展如轻工业等劳动密集型产业,盘活了中国经济(表1.2)。

表1.2 不同技能等级行业 2003～2013 年就业增长率

(单位:%)

| 技能等级 | 东 部 | 中 部 | 西 部 |
|---|---|---|---|
| 5 | 237.631 | 198.290 6 | 86.146 03 |
| 4 | 220.552 8 | 162.725 1 | 83.068 14 |
| 3 | 236.858 6 | 242.678 3 | 194.148 3 |
| 2 | 183.131 3 | 217.652 6 | 219.765 5 |
| 1 | 95.489 33 | 162.187 | 64.866 26 |

但是在世界大环境新技术的浪潮推动、中国出生率降低劳动力供给下降等因素下,刘易斯拐点可能已经到来。人力成本上升,中国不能依靠人口红利继续发展经济,只能推动产业转型升级,由劳动密集型产业向资本、技术密集型产业转型。在这种条件下,东部因其自身发达,创新能力强,易于吸收新技术等优势可以发展高技术的第二、第三产业。而许多中西部地区因发展节奏太慢,基础设施不尽完善,基础教育差等原因,无法进行产业升级转型和新技术的推广。农民工也因自身劣势,无法接受新技术的学习和应用,逐渐被东部地区淘汰,回到中西部地区,继续从事一些低技术的第一产业和第二产业。但是科技的发展与进步同时也对简单劳动带来巨大的冲击。麦肯锡全球研究院发布的报告,预测了到 2030 年因

自动化或者人工智能的发展而创造的新的工作岗位和消失的工作岗位。根据调查，理论上全球近一半的工作都可以因为人工智能等技术的应用而实现自动化，其中有 5% 可以实现完全自动化，而在 60% 的工作中，有 30% 以上的工作内容可以实现自动化。第一产业、第二产业随之减少劳动力需求，农民工面临极大的失业困境。

## 第六节　法律环境影响就业

### 一、法律规则限制就业

新技术和创新带来的产业转型升级，影响着国家和企业的方方面面，如果仅仅吸收了新的技术而忽视了相关配套制度，例如旧的法律、政策、规则无法进行及时的、因地制宜的更新，那么这些新产业依然很难发展，劳动力市场依然面临供给不足、失业率居高不下的难题。以区块链产业为例，早期区块链的引入触及了法律的漏洞，发生了许多利用区块链炒币、投机、短期逐利等恶性行为，致使许多人倾家荡产。而新技术的学习和与此相关法律监管政策的制定需要一定时间，给了很多不法分子可乘之机。所以区块链的早期应用大多与实体经济背道而驰，转而进行洗钱、圈钱、套现、投机等方面。给不了解区块链这项技术的人们很差的印象，许多企业谈区块链而色变，对区块链这项技术有着很深的怀疑和偏见，许多区块链从业者就业难，被迫转向其他行业。正是由于没有出台相关的法律政策和对不法行为的监管不力，使得这项新技术的应用和落地遇到了层层阻碍。

同为新兴产业，人工智能（AI）的发展同样是对法律政策提出新的挑战。

首先，在知识产权方面，人工智能新作品的所有权存在争议，因此，欧洲法律事务委员会建议欧盟委员会就人工智能软硬件的知识产权设计了一种知识产权保护办法，目的是通过保护创新权益从而推动创新。其次，在隐私和数据保护方面也需要更精确、更广泛的法律政策约束。在人工智能领域，欧盟认为，各国应该制定相应的标准和法律以规范人工智能在社会领域的应用，最大程度上保障数据隐私。欧洲法律事务委员会建议，在人工智能相关的政策制定时，应着重设计隐私保护和加密的标准。当个人数据成为"流通物"的时候，有关隐私和数据保护的基本原则是数据隐私的保障。最后，在标准化方面，欧盟同样是对人工智能进行了标准化的法律建设。在欧盟层面，为了避免欧盟成员国之间的标准不一致以及欧盟内部市场的分散化，需要建立标准化的框架。此外在2016年年底，IEEE发布的指导文件也呼吁各方制定相关标准，以推进人工智能的开发和应用，例如《联邦自动驾驶汽车政策》《美国国家人工智能研究与发展战略计划》《为人工智能的未来做好准备》等。这些报告中指出，美国还需要加强和统一技术、数据使用、安全性等标准的构建，以避免影响人工智能开发和应用的碎片化问题。

在上述一系列法律、政策的建设完善举措后，欧盟和美国的人工智能技术才得以快速发展，带动了许许多多相关的就业。

现在新兴的直播产业也因法律政策的不完善而遇到了许多纠纷，使很多求职者望而却步。很多刚刚进入直播行业的从业者因势单力薄、名气不够，只好以接受直播平台的剥削和不公条款的代价来换取更高的流量和人气。而一些隐性条款也使得求职者难以在遇到合同纠纷时维权，侵犯了劳动者权益。缺少法律监管同样给走歪门邪道的直播者可乘之机，许多主播为博眼球，不惜进行淫秽色情、赌博等违法直播，还有的打擦边球，做一些与社会主流价值观背道而驰的事情，带来了不良的社会风气。平台和直播者双方的这些行为正是钻了相关法律政策不完善的空子才得以实行。最终使得这种新兴产业的发展受到了一定程度的制约。

## 二、文化环境影响就业

社会的文化环境同样会影响就业。中国相比于其他国家,农耕的自然经济是中国传统文化的基础,农耕文明起源于中原,与游牧民族长期对垒与融合。发展到明清时,才渐渐诞生了资本主义萌芽。清朝时期的闭关锁国,使得中国发展逐渐落后于世界其他国家。家、国的概念,宗法制度植根于每一个中国人的心中,相比较其他国家的人来说,中国人相对保守。中国在坚持传统文化的同时,对于一些新兴文化吸收能力不强。

以直播行业为例,传统文化更倾向于人与人之间面对面交流,饭桌文化、酒桌文化传承千年。而直播平台的内容大部分为游戏这种中老年人认为损害青少年身心健康的内容,还有另外一些没有营养的内容,且存在着一些法律漏洞,可能会影响青少年的价值观。所以传统文化对直播这种新兴产业认可度并不高,如果求职者在直播行业工作,可能会受到长辈们的怀疑和蔑视,无形中给求职者带来很大的压力,最终减少该领域工作的劳动力供给。

所以文化环境对不同产业的劳动力市场有着一定的影响,尤其是新兴产业,很多新兴产业因为技术新而无法被社会相对保守的主流接受,只能通过相关的培训、教育来解决有关问题。

# 第二章 经济实质:劳动力不匹配阻碍经济腾飞

## 第一节 科技飞速发展,结构性失业难以避免

在第一章中提到,文化环境、法律等因素的限制,传统劳动者求职难与新兴行业招聘难之间的矛盾,劳动力市场自身成熟程度欠佳导致国家失业问题极其严重。 在所有失业因素分析中,结构性失业是最难以解决的,也是当前科技飞速发展与传统行业交织的一种必然结果。

就业与失业,不仅与每个人息息相关,更是我国乃至世界各国宏观经济调控的四大目标之一。 失业也是经济学课题研究中的重要内容,具有广阔的理论意义与重大的现实意义。 随着中国改革开放进程的不断加快和国际环境的变化,互联网技术的不断更迭和区块链技术的爆炸式发展,失业这一贯穿经济学研究的重要内容也在理论和实践中不断引领着人们做出新的探索和尝试。

实际上,经济运行中的失业总是存在的,且围绕着自然失业率

波动(例如美国失业率围绕在 5.5% 上下波动)。

进入 21 世纪后,科学技术迎来了新一轮的飞速增长,也带动了新兴的产业发展,也让现有的产业结构和就业备受冲击。现阶段的教育模式、培训体系以及存在的信息不对称和政府治理成本等都使得结构性失业难以解决,这一现象不由得引发人们的深思:有什么行之有效的方案能够解决这种现有模式下所无法满足新兴产业发展的结构性失业问题呢?

本章首先讨论结构性失业的诸多原因以及什么因素决定了解决结构性失业问题的难度高低,以及围绕这些因素的对应措施,最终得到经济学角度的适用于解决结构性失业的结论。

## 一、传统教育难以满足新兴产业发展下的人才需求变化

随着各国信息技术和高新技术的不断发展,新兴技术被各国各级政府机关、高校和企业用来参与其自身的运营和管理,新兴技术已经成为当今社会竞争与发展的重要因素。但在信息化的进程中,各国都存在一个非常重要的问题。即教育中人才的培养与市场上人才需求无法有效匹配的难题。

首先,高校每年能够输送的人才规模较为有限,人才数量远远低于实际的社会需求。其次,高校的学术教育侧重于基础理论和基础知识的教学。而在信息化进程中,各行业呈现出网络技术更新快、产品周期时间短的特点,并且高校毕业生往往缺乏应对网络技术变革的实际操作技能和经验,无法满足所在工作单位的工作需求。

对于传统教育模式的革新,需要能够适应信息爆炸情况下的人才需求变化的快节奏与强要求。

## 二、职业—技能错配,难以实现所学即所劳

而教育的另一方面是职业技能的培养与对口匹配,由于大量的

劳动力在不同的行业之间转移需要不断地掌握新的技能以适应新的职业岗位,这些职业要求与劳动力的前置学历的学习内容有着很大的区别,"重理论轻实践"的传统教学方法,使得学生缺少动手操作的能力,难以实现职业与技能的有效对接,"所学即所劳"的有效配置方式并不成立(图2.1)。

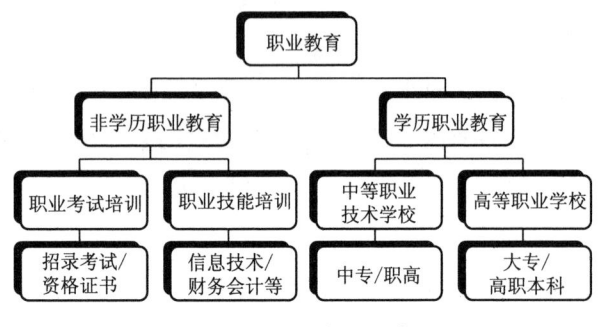

图2.1 职业教育分类

## 三、培训机构分散,难以实现人才高效培养

解决教育、技能与职业需要不完全匹配的重要途径之一就是通过市场培训再学习和掌握所需要的技能,该途径能够有效解决结构性失业,提升劳动力在各部门各行业之间的专业能力。

但在实际的现实生活中,各培训机构资质的良莠不齐,机构所处时间和地点的分散都使得培训体系的效率降低,也难以实现人才的高效培养,可能并不能通过培训获得所需技能,反而造成了一定程度的资源和时间的浪费,最终并不能如预期中顺利地润滑结构性失业问题。解决这一现象的措施是凭借信息技术和高新技术搭建新的培训体系和培训平台,同时兼顾灵活和高效的特点,哪怕是在灵活用工的新劳动市场的冲击下也能够发挥出润滑剂的作用。

那么,如何使得劳动者能够快速学习新兴技术,补充新兴产业人才缺口,推动国家产业结构调整呢?职链所搭建的培训体系和培训平台为解决这一难题提供了新方案。职链平台设置教育培训模块,组织高尖端的人才队伍,对平台求职者、在职者等提供高质量的技能、知识等的培训,使之能够适应新兴行业需求。此外,职链向成功在平台完成学习培训的用户提供学业证书,利用区块链不可篡改的特点,保证学业证书的可靠性,降低企业面临的用工风险。

### 四、劳动力转移黏性:知识结构及能力

另一个在劳动力转移中存在的问题是劳动力转移的黏性,黏性表现为产业区域黏性和技术黏性。

产业区域黏性指的是劳动力在转移过程中,因为人力资本丰裕的地区能够吸引更多的产业聚集,产业本身并不会发生大规模的迁徙,因而劳动力在产业间转移时所选的产业和区域都存在着一定的黏性;技术黏性指的是由于劳动力自身的原有技术水平,通过培训等渠道所新掌握和新发展的技术也是依附于原有的技术方向,存在一定的黏性。

劳动力转移的黏性表明在传统的劳动力市场下,劳动力难以实现大幅度、大规模的转移。

### 五、人工智能替代简单劳动力

作为公认的世界顶级三大尖端技术之一,人工智能也是引导新一轮技术革命和产业变革的战略性技术,人工智能技术所具备的学习能力是其区别于自动化计划的核心特征,很多学者和专业人士从工作岗位、工作内容等多角度研究了人工智能产业对于劳动力就业和企业招聘的影响。

在人工智能背景下可能会造成各国结构性的失业,其对于创造性、不规律性和有一定情感沟通内容的劳动影响较少,而对于重复性工作的替代作用较大,例如批发与零售业、交通运输、仓储和邮

政业，这些行业中的大量工作人员将容易被人工智能所替代，除了第三产业外，第一产业、第二产业也将造成大量劳动力过剩；而对于企业的分析、研发和经营管理人员的替代性较少，这就要求针对即将释放出大量劳动力的领域，需要国家尽快创新改革教育培训系统，以减少劳动供给，方能应对人工智能技术带给劳动力市场的剧烈冲击。

## 第二节　经济现状不足以形成庞大的劳动力需求

### 一、金融危机、债务危机等引起的经济疲软仍然存在

有证据显示，劳动力人才市场仍被2008年的全球金融危机影响。加州大学伯克利分校经济学家丹尼·雅冈（Danny Yagan）在一份工作报告中写道，他通过匿名纳税记录追踪了超过100万名劳动者在金融危机期间与之后的情况，发现受到金融危机影响颇深的地区，仍有不可计数的失业人员找不到工作，他们也渐渐失去希望。据雅冈的数据显示，许多人至今仍然处于失业状态。

虽然距离2008年金融危机已经过去了10余年，但是其影响仍然存在，尤其是对于就业市场而言。雅冈说："金融危机的影响不该持续这么长时间。"传统的经济理论认为金融危机造成的经济衰退通常很快就会消失。在20世纪的大部分时间里，金融危机后的美国都能迅速恢复过来，失业工人可以很快摆脱失业状态。一些经济学家甚至赞扬了经济衰退的"清洁"效应，这种效应可以消除效率低下的公司，如森林大火烧毁死树，播下可以带来新增长的种子。

然而近年来，这个规律似乎发生了变化，周期性经济衰退引发的问题变成永久性的经济结构问题。这也意味着如果经济不能再像以前那样快速地从衰退中复苏，将会给生产劳动者留下创伤，造

成更广泛的社会影响。

另外,2020年新冠肺炎疫情给全球经济带来了冲击。新冠肺炎疫情作为巨大的外部冲击,影响了国内的总需求和总供给,并且控制疫情的封锁措施造成了产业链中断,使得上下游产业无法有效衔接,而原有的产能过剩,造成了部分失业。而疫情对于经济的冲击所产生的乘数效应和许多企业停工导致很多能够吸收大量就业人员的中小企业大量倒闭。加之对于各地域疫情不同的用工存在的歧视导致部分地区失业率较其他地区高。但是需要认识到的是,疫情冲击不会长期存在,这种短期内冲击形成的失业也不会长期持续存在。应对疫情冲击,积极的货币政策和财政政策应该予以执行,缓解中小企业流动性之困。而更重要的是,对于产业结构的升级和劳动力市场的改革,才能够从根本上解决经济疲软。

## 二、劳动力数量和劳动力质量远远满足不了经济发展需要

众所周知,新技术的发明是由少数极具创造力的发明家所推动的,但一项技术的应用往往需要产业的支撑为前提,而产业或者企业的运转需要大量的劳动力投入,这就要求劳动力的质量及时匹配技术的需求,即劳动者应当快速掌握新技术的知识及技能,实现劳动力在传统行业到新兴行业的流转。但是现阶段的新技术培训及教育,往往依赖于高等教育及职业教育,而二者的教育资源主要为各个领域的专家教授,虽然不可否认这些学者在新兴领域也有较高的造诣,但人才培养周期较长,加之人普遍存在的新知识认知延时,造成新兴行业劳动力需求难以满足,而传统行业又在新兴行业的冲击下存在大量失业,出现人才短缺和严重的失业现象并存的劳动力市场困局。

人口结构变化所带来的劳动力数量的变化。以中国为例,新中国成立以来的人口转变,自1998年以后每年出生的孩子就在2000

万人以下并且还在逐年递减，2015年放开全面二孩政策之后仅仅在政策开放后的2～3年内有所增加。在20世纪50年代出生的"婴儿炸弹"在改革开放之后变为"劳动力炸弹"，而80年代出生的"婴儿炸弹"也在改革开放后期成为"劳动力炸弹"，对于劳动力规模又形成了一个补充。但是随着时间的推移，"劳动力炸弹"最终将变为"老年炸弹"，人口结构将从"两头小、中间大"的形状变为上大下小的倒金字塔形状，进入深度老龄化社会。预计在2030年左右我国进入人口负增长时代（图2.2）。但是人口并不能简单等同于人口红利，也不等于劳动力。现阶段我国人力资源规模依然巨大，且劳动力素质得到了提高，科技创新和进步也使得对劳动力数量的要求降低。值得注意的是，人如果不能和生产工具进行结合，那么就无法成为劳动力，所需要坚持的必要条件就是坚持改革开放，放宽对于劳动力地域迁徙的限制，激发大众创业，不断创造就业岗位，不断地刺激就业。而在欧洲、东亚，人口结构变化所带来的老龄化等问题都成为劳动力市场的一大障碍，使得经济发展的需要无法满足。

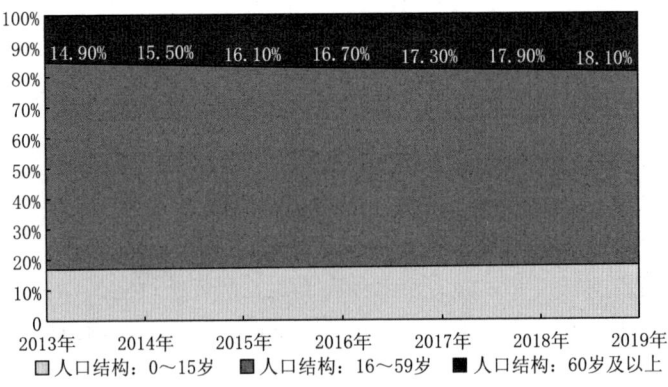

图 2.2　中国人口结构变化

## 第三节　劳动市场失灵阻碍经济发展

### 一、信息不对称，导致就业问题难解决

在新古典主义经济学中，实现充分就业的基本假设之一就是劳动力市场的完全对称，而实际中正是由于信息不对称的存在导致就业问题很难解决。

美国经济学家约瑟芬·斯蒂格利茨在1970年提出信息不对称这一概念，指的是在市场经济条件下，市场的买卖主体不能够完全拥有对方的信息。信息不对称所造成的逆向选择会导致信息所有者寻求自身更大的利益，而损害另一方的利益。

例如，在就业的企业招聘这一环中，如果招聘方由于信息不对称的存在，不能够准确地预测劳动力的行为，那么招聘方只能通过激励和机制设立来使得对方主动出示其私人信息。但是双方在互相确认信息的准确性的过程中，也存在较高的"交易成本"，使得就业双方都浪费了一定的资源，达不到最优的效率水平，同时过程中双方都面对着一定的风险，使得结构性失业的水平无法有效降低。

互联网作为现代社会发展的基石，对于失业这一社会问题有着重要的影响。因为在劳动市场中双方的交易行为是分散的微观决策，由于双方存在的异质性、摩擦性和信息不完全，所以为了岗位和被雇用人员之间的匹配需要很高的协调成本和调查成本，也会增加搜寻成本。从求职者的求职强度、招聘者寻找的强度如需找途径、主观努力程度等都是构成成本的一部分。互联网的普及能够有效降低失业率，提供更为完全的信息，还能够帮助减少城市中的长期失业者的数量，推动了大量灵活就业、灵活用工和新就业形态的蓬勃发展，使失业人员看到了新的希望，但是也充斥着各种问题，例如，社会服务管理不到位、政府监管不到位、政策扶持的力度较

弱和信息难以确定真实性等障碍。这要求国家完善劳动就业法律制度，助力高新信息技术的发展和应用，提升劳动力监管系统，确保就业顺利转型发展。

劳动力市场的信息不对称问题在很大程度上压抑了劳动者的求职意愿，造成严重的自愿失业现象。而职链利用区块链的公开透明性，将所有求职者的求职过程公开，致力于搭建高效沟通、信息对等的平台，并且保证求职者—企业匹配的统一，最大限度减少信息不对称问题，保障就业公平性，促进高质量就业，充分利用现有的劳动力资源，避免劳动力失业问题。

## 二、政府失业治理成本高，降低社会福利水平

在宏观经济层面上，政府对于失业的传统对策主要根据凯恩斯主义和菲利普斯曲线来调节。

凯恩斯认为总需求的水平由生产和就业的水平决定，在概念上，总需求是整个经济对于商品和服务的需求总量。在微观经济学理论中，价格、工资和利率总会自发地调整指引就业水平趋于充分。而当出现失业增加和经济萧条时，原因可以归结为总需求不足，只有刺激总需求才能够减少失业，促进经济发展。社会总需求的增长通常利用扩张性的财政政策和宽松的货币政策来刺激，如减税降税、政府补助等扩张性财政政策，降低利率、调整准备金率等扩张性货币政策，但是各国奉行凯恩斯主义以来，也饱受学界争议，因为扩张的货币政策常使得通货膨胀和货币超发严重，并且过度关注总需求而忽略了总供给。当陷入流动性陷阱时，该措施总显得捉襟见肘。

而作为另一种传统对策，菲利普斯曲线指的是通货膨胀与失业率在短期中一者增加对应着另一者减少的对应关系。短期内，在古典二分法的基础上，政府为了降低失业率，可以通过调整通货膨胀

来达到目标，但该关系在长期中并不成立，且长期中会造成自然失业率不变的情况下更严重的通货膨胀，而降低通货膨胀需要牺牲一定百分比的 GDP，通货膨胀本身的成本也不容小觑。

在微观主体层面上，政府可以通过搭建用工平台和信息平台来治理失业问题。在现实生活中，政府所搭建的用工平台和企业设立的用工网站，都面临着信息不充分、信息的真实性无法保障的难题；通过宏观经济层面调节，所产生的治理成本较高，政府也并非能够完全了解每个家庭和企业的需求与偏好，很容易造成资源配置的不合理与无谓损失。并且现代社会信息技术的发展和用工方式的改变，也在呼吁着新的技术性对策，而非治标不治本。

然而，政府通过区块链技术，打造信息真实的平台，不仅能治理就业问题，同时也能降低政府信息系统的运营成本和运营负担。以南京区块链电子证照共享平台为例，在 2017 年，南京市信息中心将房产交易、人才落户、政务服务一张网等多项民生事项纳入区块链政务数据共享平台中，实现政务数据跨部门、跨区域共同维护和利用。

## 三、失业率高于自然失业率，经济效率难以改善

失业，指一个人有技术和能力并有意愿为获取劳动报酬而工作，但由于客观原因没找到工作的情况。失业率是劳动力中符合"失业条件"者所占的比例，劳动力并不直接等于总人口。

在现实生活中，每天都有人找到新的工作机会，也有人被原有的雇佣机构解聘，这种不断发生的变化决定了失业率。可以用一些简单的数学模型来帮助我们理解失业率是如何产生且被精确计算的。

假设 $L$ 代表劳动力，$E$ 代表就业的工人数量，$U$ 代表失业的工人数量，由于在劳动力这一群体中都是拥有就业意愿和就业能力的

工人，所以 E+U=L。在某一特定的时间段内，有很多人在离业与就业之间转换，为了说明这种变动的情况，设 s 代表离职率，f 代表就职率，失业率的高低由 s 和 f 共同决定。

在某一个时间段内，失业率如果稳定不变，则说明离职和就职的人数相同——劳动力市场处于稳定状态，则此时用数学模型表示的情况为：

$$fU = sE$$

根据 E+U=L，迭代化简后可以得到以下关系：

$$\frac{U}{L} = \frac{s}{s+f}$$

也可以写为另一种形式：

$$\frac{U}{L} = \frac{1}{1+f/s}$$

在这个数学模型中，也能揭示出决定失业率的重要环节，任何能够降低离职率和提高入职率的措施都能够有效地降低失业率。值得注意的是，这里存在一种理想的情况，当一个人能够非常快地找到工作，则入职率将极高，那么失业率就将趋近于 0。

实际上，失业总是存在的，且围绕着自然失业率波动（例如美国失业率围绕在 5.5% 上下波动）。自然失业率指的是经济运行中，本身就存在的失业水平。

而失业可以被具体划分为两种类型。由于不同的工人具有不同的劳动力素质、不同的偏好和能力，不同的工作也具有不同的性质，且市场上的信息并不完全充分，加之工人在不同地区、部门之间的转移无法迅速流动。由工人寻找工作或更换工作的行为而导致的期间失业称为摩擦性失业，由于劳动力的供给端的特性与需求端的要求不吻合所引起的失业称为结构性失业。

在不断变化的经济中，一些摩擦性失业难以避免，例如家庭生活方式的变化会导致产品需求的变化，传递到生产端则是生产这些产品的劳动力需要也在变化；不同地区生产的不同产品，这些都会导致不同行业和地区之间的劳动力构成需求的变动。无论离职的原因是什么，摩擦性失业是必然出现的，因为工人们必定需要花费时间和精力去找新工作。

在古典经济学中，价格作为指引着市场资源进行合理配置的"看不见的手"，但是当有一些措施将这只手绑起来时，就使得市场不再均衡，供求双方的水平并不相等。在劳动力市场上也是如此，劳动力的短缺或者过剩将会出现。但是结构性失业的出现，总存在着各种不同的原因。

新古典经济学认为充分就业是自由市场经济中的常态，他们还认为，只要劳动力市场的工资水平可以充分调节，就可以使劳动力市场达到供需均衡，即劳动力的供给量与劳动力需求量总可以达到一致。即使有失业，也是自愿的、暂时的、局部的、少量的。也就是说，他们只承认自愿失业和摩擦性失业。因此，只要完善劳动力市场，这两类失业都不会太多，不会形成严重的失业问题。不置可否，这两类失业问题至今仍然占据失业问题的主要部分，就业公平问题、信息不完善等仍是现阶段劳动力市场的主要缺陷。劳动力市场的完善程度已经在技术层面上得到显著提升，但失业现象并未得以改善，这一问题表明劳动力市场的失业问题存在其他原因。

凯恩斯认为，新古典经济学的失业理论不足以解释大规模失业现象。他认为在资本主义市场经济中，"非自愿失业"——结构性失业存在于自愿失业与摩擦失业外，即劳动者愿意接受现行工资或比现行工资还低的工资仍找不到工作。所以凯恩斯认为，充分就业并不是经济的常态。而结构性失业是现阶段失业问题的主要部分，随着经济发展进入新阶段，全球科技水平的发展速度也逐步加快，一项技术从发明到应用的时间越来越快,产业结构演变的速度也因此加快,以至于出现大量新兴行业,又同时伴随着一系列行业在新兴技术的冲击下逐渐衰落。在这样的经济环境下,新兴行业亟须大量的人才支撑,而夕阳行业又有大量的失业问题,加之教育年限远远高于现阶段的技术应用时间,造成社会大量的失业现象,又伴随着人才紧缺的困境。

### 四、隐性失业问题——知识失业

城镇隐形失业。隐形失业的概念是区别于无法获取工作而定义的,它是由经济学家罗宾逊首先提出来的,指的是大批熟练工被迫从事自己不熟练的工作,使得实际生产率大大降低,虽然名义上拥有一份工作,但是其实际生产力并没有达到要求,处于失业或半失业的状态。以我国为例,主要有三类隐形失业人口:毕业大学生、剩余农村劳动力和城镇职工。城镇职工所在的部分大型国企在与民企与外企的竞争中几乎不占优势,使得原来庞大的人员规模实际过剩;而农村剩余劳动力则指的是没有充分发挥劳动力价值,又受到户籍制度限制无法实现地域上的劳动力流动;而大学毕业生因为院校结构畸形导致大量的人才资源浪费,和大学毕业生与自身工作的不匹配所造成的不认可态度使得他们可能会辞职谋求进一步的学历深造。在我国经济发展速度从高速转变为中高速的新常态阶段,为了解决城镇隐形失业,需要加快市场化进程,打破城乡之间的二元分割,鼓励通过互联网应用的发展提高对社会有效劳动力的需求,推动劳动力市场的供需平衡,通过建立完善的失业保障制度,保障失业的劳动力的基本权益,并增加职业培训的投入,提高劳动者能力水平。

### 五、效率工资盛行,进一步扩大失业规模

效率工资,则是造成工资刚性的另外一个重要原因。有不同的

观点解释效率工资,一个原因是更高工资水平下的工人能购买更好的食物,而身体素质优秀的工人将有利于提高生产效率。另一观念认为,更高的薪水会减少企业的离职率,从而减少企业新雇佣员工的培训费和时间。也有理论认为,企业增加的工资可以提高工人的努力程度,换来更高的生产率;也可以增加工人更换工作时的机会成本,从而减少工人的离职(图2.3)。

**图 2.3 工资刚性**

综上,尽管解释的角度不同,但是可以发现这些理论中存在相同的核心,即雇主出于各种原因认为向工人支付高于均衡市场的工资水平是有利的,从而造成了工资刚性,降低了就职率,并增加了失业。

## 第四节 劳动力供给难以匹配经济发展

### 一、区域经济发展不平衡,劳动需求差异大

结构性矛盾表现在各国之间的发展水平不均衡,而一国之内也存在着地域上的不平衡。一方面,从国家类别来看,发达国家和发展中国家在经济全球化中扮演的角色并不相同,根据普雷维什的中

心——外围理论，发达国家在国际分工中享受到了大部分由国家之间贸易所带来的好处，处于中心位置，其所在价值链位置也在下游，具有较大的定价权；而发展中国家处在分工的外围，提供的是初级产品，处在价值链的上游，利润空间较低，甚至还可能出现负增长。这种分工之间的不平等，要求发展中国家技术创新，脱离原有的分工模式。发达国家和发展中国家对于劳动力的需求是有明显差异的。另一方面，从国际地理位置来看，欧洲集中了大多数的发达国家，欧盟则保证了各国之间生产要素、劳动力之间的流动，也具有共同的货币体系，经济协同化水平较高；而亚洲则主要由发展中国家组成，具有人口基数大、劳动力素质偏低和经济发展水平较低的特点。在劳动力市场上的供给与需求都大为迥异。

一国之内的地域差异。以我国为例，我国东部经济较之西部更加发达，也拥有更为丰富的劳动力资源，而西部地区能够提供的就业岗位较少，使得当地劳动力只能在第一产业就业或者前往东部地区进行跨区域流动寻找工作机会。

各国的各级行政单位所执行的不同流动人员管理政策，都在一定程度上阻止了劳动力的自由流动。例如，美国各州之间对于劳工的不同法律规定；我国的户籍制度和人事管理制度在一定程度上限制了劳动力的流动，最近相关城市推出了居住证等各种改善措施，但是以户口为基础的就业制度和社会福利制度对劳动力的流动规模、速度、就业形势和社会公平仍然有着不可忽视的影响。

## 二、产业结构不断调整，劳动力难以实现同步迁移

结构性矛盾体现在三个产业之间的结构性矛盾与区域性的结构性矛盾。在经济学研究中有学者认为产业结构的发展遵从劳动力在三个产业间依次转移的规律。而近年来国际社会中出现了"逆产业化发展"的趋势，比如美国所推出的"工业回流"以提供更多的

工人就业岗位，这造成了许多制造业岗位重新回流美国，但是美国本身的劳动力市场难以同步跟随产业结构的调整。另一个例子是，我国则提出了供给侧改革。在第一产业中，我国劳动力供大于求，使得第二和第三产业吸收的就业数量还不够，并且劳动力在三个产业之间的流动速度较慢。而且，我国在第二产业中具有明显的劳动节约型的特点，主要是依靠了人口红利，并在国际分工中处于前段位置，产业附加值和固定投资的就业弹性较小，并且增加劳动力带来的边际产出也会减少。我国的第三产业，不同于欧美等发达国家以信息、咨询、科技和金融等信息服务产业为主，而是由传统服务业构成，对于吸纳劳动力的能力较弱，就业的弹性较低。供给侧改革为产业结构的变化带来了更大的影响。为了推进经济社会全面协调可持续发展，中国政府提出的以"去产能、去库存、去杠杆、降成本、补短板"为主要内容的供给侧结构性改革，在初期，随着产业结构的转型升级，落后的行业和企业停产和搬迁，某些地区、某些行业和某些企业将出现大规模失业和劳资关系紧张。但是，中长期供给侧改革的深入将驱动在新的产业结构创造新岗位和劳动力，它们在不同部门之间转移将增加总就业机会，就业结构将得到进一步优化，劳动关系将得到改善，逐渐变得和谐，经济发展的质量也可以迈出新的一步。

### 三、经济全球化下，劳动力竞争进一步加深

经济全球化主要是指在世界范围内发生的经济活动是跨越国界的，即通过国家间的对外贸易、经济交流等形成的资本、信息、技术的流动，从而形成国家之间相互联系、相互依存的有机经济整体的过程。劳动力等生产要素都可以实现跨国境的配置。生产力发展是经济全球化的根本因素，并且由于新兴技术的发展，为经济全球化提供了技术基础与支持。

随着经济增长方式的转变，传统的劳动雇佣关系带来劳动力生产效率低下的问题越发显著，促使灵活用工产业快速发展，以雇主员工合作关系的方式替代上下级关系，最大限度上激励员工提高劳动效率。

随着各国对法律和政策的完善和规范，使得企业在合法合规的前提下增加大量灵活用工的需求，打开了灵活用工时代的大门。但这也带来一系列的就业问题，如创业企业由于初期资本有限，不足以支撑雇用专业的人力资源队伍，难以有效实现人才吸收；在灵活用工形式下，企业难以实现对员工的有效监管等。这一系列的问题严重阻碍了灵活用工产业的发展，使得大量企业对灵活用工形式存有疑虑。

# 第三章　历史与哲学：生产关系不适应生产力

## 第一节　生产关系与生产力不匹配，社会问题层出不穷

前文提到的劳动力供给难以匹配经济发展的问题并不是新时代发展导致的一个全新的问题，事实上人类很早就发现了劳动力与经济生产的矛盾，即生产力与生产关系的矛盾。

生产力的发展是人类劳动的逐步积累，生产关系也是人们为了解决生产发展中存在的人与人之间的各种问题，不断采取的改进措施，反映着人与人之间的经济纽带。生产力的发展与随之而来的生产关系的转变，就像人们攀登一个无止境的阶梯一样，每一个阶梯的高度差并不大，当攀登到了一定高度，就标志着一个新的生产力水平。人们在发展的过程中，总是用有效的方法不断取代那些失灵的方法，当这些方法和有效的生产组织形式积累到一定程度就形成了一个系统的完整的新的生产方式。

然而，在一定区域内，生产力的发展是不平衡的，或者说新的生产力不能马上取代旧的生产力，新的生产关系也不能马上取代旧的生产关系，在这个新旧更迭的过程中，推动着变革的前进。正如马克思所说，无论哪一个社会形态，在他们所能容纳的全部生产力发挥出来以前，是绝不会灭亡的；而新的更高的生产关系，在他存在的物质条件在旧社会胞胎里成熟以前是绝不会出现的。

回溯历史，在自给自足时代，人与人之间，或者说家庭与家庭之间，是独立封闭的个体，在经济活动上鲜有联系。随着商品交换的发展，生产关系就发生了变化，人与人之间要互换产品进行消费，这时候就出现了商品交换关系。人们在经济活动中互相来往，经济由独立封闭变成互相依赖，商品交换的繁荣促使地主们雇用农民劳动，这就出现了新型生产关系——雇佣关系。

社会的车轮滚滚前行，随着生产力的发展，传统小作坊生产难以满足社会需要，于是逐渐出现了资源集中的大工厂生产，人与人之间出现了大规模的雇佣关系，生产关系由原来的学徒小生产变成了雇佣关系的工厂生产，这便是工业革命的时代。

生产关系较为彻底地变成雇佣关系还要追溯到蒸汽机的广泛运用上。随着科学技术的发展，蒸汽机作为一种全新的动力模式进入了人类社会，带来的是生产效率指数倍的提升，人们发现原有的工场规模还是不够大，于是在生产力的推动下，工场生产变成了大工厂生产，在这里面，雇佣关系更加显著，原来社会中学徒和师父之间小作坊的人身依附关系被彻底打破，雇佣关系作为一种生产关系成为社会的主流。

随着社会的不断发展，燃气机和电气革命让人们进入电气时代，垄断资本主义等公司新形势不断出现，都在不断地调整资本主义下的生产关系。在这些变化里，生产力决定了这个社会的生产关系，生产关系又反过来作用于生产力的进步。

现如今，在数字经济、共享经济的浪潮下，人们的就业模式不再局限于传统的雇佣关系，以"平台+个人"为特点的新个体经济正为个体经营者提供更大的舞台，开辟新的就业空间。而生产力发展需求下出现的灵活用工，则为企业、劳动者提供了一种新思路。

灵活用工，简单来说是一种灵活派遣的模式，是一种新兴的生产关系形态。它包括四种全日制以外的用工形态，一是时间上的灵活，如全日制用工；二是雇佣形式上的灵活，如劳务派遣；三是服务形态上的灵活，如业务外包；四是就业形式上的灵活，如平台新用工。灵活用工打破了企业用人的固有边界，形成企业、劳动者、社会三方共赢的局面。就本质来说，灵活用工是实现全民合作的一种形态，是在新业态下形成的一种有助于提高生产效率的用工形态。

以职链为例，职链是一个通过灵活用工的用工模式，将自由职业者与用工企业形成合作经营的服务关系，为企业和劳动者提供共享经济下的众包用工解决方案的区块链+灵活用工平台，其业务包括企业人力资源业务外包、薪酬方案、商业保险、人力咨询、财税咨询等多种产品服务。职链平台的包容性极大，行业和门类庞杂，同时机制灵活，进退方便，有利于吸引各种择业取向的人们加入。灵活用工可以解决下岗失业人员再就业问题，在促进劳动力结构调整中发挥重要作用。

## 第二节 经济变革催生新型就业问题

### 一、产业革命要求企业发展新模式

回望历史长河，我们可以发现，当生产力和生产关系的矛盾发展到一定顶峰，产业革命就会应运而生。在此基础上，产业革命进一步地解放和发展生产力,而革命中迸发出的对生产关系的进步需求也解放了僵化的生产关系。

当下正处于新一代信息技术革命、新工业革命时代,正处在"互联网经济"向"区块链经济"的提升过程中,企业最大的敌人不是竞争对手,而是自己。我们的想象力与创造力被习惯性的思维方式与行为方式禁锢在小小的空间里,正如德鲁克所指出的:"在动荡的时代,最大的威胁不是动荡本身,而是延续过去的逻辑。"因此,我们即将面对的实际上是一场认知革命,是一个经营方式和思维方式发生颠覆的新时代。

企业的新模式是涉及企业战略、运营、组织、人才等的变革。从组织与劳动者的关系上看,主要从雇佣关系变为合伙关系。

职链平台在企业变革新模式的浪潮中大放异彩,它构建了企业用工全流程的综合平台,不仅可以为初创企业提供专业的人力资源管理,降低企业用工成本,同时利用区块链不可篡改的技术,革新传统的绩效、考勤系统,能够有效实现对员工的监管,有效降低用工风险,助力灵活用工产业的发展,推动我国甚至是全球的经济发展。同时,职链使得灵活用工产业中的雇主员工合作关系成为可能,最大限度地提高员工的创造力,促进经济发展。

## 二、经济发展降低参工标准,扩大可就业人群

每次工业革命都伴随着人类通过技术大幅提高其智力、认知和生产能力,引发了产业结构的变化,带来了巨大的经济发展,并对原始生态产生了深远的影响。第一次工业革命以蒸汽机为主要技术突破。用机器代替手工工具降低了人们的力量和技术要求,从而大大扩大了就业范围,19世纪70年代,第二次全球的技术革命爆发,此时美国的农民占全国人口50%,100多年过去了,现在美国的农民只约占全国人口的2%,随着对工人身体需求的进一步下

降,知识型工人和妇女的全面参与,跨区域服务业的迅速发展和轻工业的升级带来了巨大的就业机会,使管理职位也应运而生。在原子能、计算机技术为主要成果的第三次产业革命,知识技能成为重要的就业门槛,大量的岗位被智能机器替代,对工程师需求也大量增加。同时,社会意识变得更加多样化,兼职、外卖、顺风车等新就业形态和宽泛的岗位角色管理模式被广泛认可。

以区块链与人工智能为代表的数字技术已经被公认为第四次产业革命的重要驱动因素,也是经济发展的新引擎,不仅在为全球经济活动赋予巨大能量,还大大地改变了就业生态。

对于就业人口,掌握特定的专业技能,尤其是数字技术的应用,以及人类创造力和机器智能无法大规模替代的其他素质将成为重要的就业壁垒。机器智能和平台使用将使员工的健康状况和年龄等约束大大减少,妇女甚至老人对某些工作岗位都能广泛协同。

在就业领域方面,数字基础服务将成为就业增长的重要领域。大量的互联网公司已经使用数字化来创建新的业务模型并促进就业,并间接刺激了上下游的就业。据统计,仅阿里巴巴的网购电商平台就创造了 3 000 多万个就业岗位,包括网店店主、员工、快递员、外卖员、电子商务服务以及上下游产业链。而对于以短视频和直播平台为基本内容的抖音平台,看得见的只是其中少数从业者,主播背后有庞大的就业群体和较长的就业链条,直播前和直播后都需要大量团队成员分工合作,为其进行脚本策划、运营、场控、经纪、客服等,创造了巨大的就业队伍。

在就业方式方面,基于平台的就业和创业——按需聚散、履行契约、拥有多份临工的灵活就业也能对社会经济发挥巨大作用。在云计算、区块链等新兴技术的支撑下,产生创业和以某一平台为基础的就业新途径——自由个人或创业团队拥有的技能、生产资料甚至是最终产品进行共享，无论何时接入某一线上或线下平台，都可以履行按需聚散的契约和价值实现。灵活用工的兴起，使个人不再受限于组织雇用而获得劳动资格，现如今，滴滴平台已经接入了1330万名司机，组织也不需要用上下层级去约束个人，而是为个人提供最大限度的自由和平等，高效整合并利用海量社会碎片化的资源。

对于个人而言，多样化的职业选择不仅可以为个人提供更多的就业空间，缓解待岗人员的燃眉之急，对于一部分没有失业压力的个体而言，利用空余时间赚取报酬，也是一种有助于社会生产力发展的行为模式。白天做外卖配送，晚上当滴滴司机的灵活就业模式也将越来越普遍。

## 第三节　组织形式变化，劳资问题层出不穷

### 一、全球劳工保护加强，劳动薪酬不断提升

"一战"后，依据《凡尔赛和约》，国际劳工组织作为国际联盟的专门机构成立，意味着从全球层面关注和治理劳工问题的开始。国际劳工组织已经帮助60多个国家实施了将近200项法律，并在110多个国家实施了200多个项目。在社会保护方面，国际劳工组织建立了社会保护底线，已在34个国家建立了社会保护体系，并在30个国家推广了健康保护措施。

同时，全球劳动者的劳动薪酬呈提升趋势，并呈现出多层次、多元化、灵活的薪酬构成以及透明化的薪酬体系，弹性的福利制度、薪酬股权化、虚拟股票计划等新型薪酬管理方式使薪酬管理变得更加灵活。在我国，改善国民收入分配常常注重于提高劳动者报酬水平，2019年，我国城镇单位就业人员工资总额相比2018年增长

9.1%，城镇单位就业人员平均实际工资相比去年增长 6.8%。

## 二、企业组织形式转型，劳动力适应能力有待加强

在世界经济发展的整个历史中，可以发现工业革命与工业组织形式的创新和发展密切相关。工业革命促进了产业组织形式的先进发展，产业组织形式的创新和转变为工业革命的深化提供了制度动力。

人类社会进入 21 世纪以后，以新兴信息技术为核心，多源多领域的科技创新逐渐汇聚为引发新一轮工业革命的科技创新集群，在互联网、移动互联网、云计算、区块链和人工智能等基础上形成了新的产业形态、生产方式和组织形式。具体而言，互联网和移动互联网的发展显著提高了企业内部和外部通信的效率，并降低企业管理和交易成本，从而使组织结构更加灵活合理。合作联盟、外包和虚拟企业等基于网络的组织接连出现，它们的运营和管理不再局限于公司的组织框架，而是可以扩展到世界各地的多个地区和国家，并在全国范围内实现。此外，随着市场和客户需求的变化，需要动态调整各企业实体之间的合作关系，灵活就业的就业方式已成为企业组织转型的重要方向。

由工业革命引起的公司组织形式的演变将不可避免地重新分配经济实体的利益，这可能对公司组织形式的演变形成制度上的障碍。建立柔性的、可持续发展的制度体系更有利于企业在动荡起伏的经济大潮中不断前行，企业组织形式的转型需要弹性的制度、宽松的工作环境、独特的组织形式。相对应地，新环境对劳动者的能力提出了更多需求，不仅适应新技术的变革并具备一定的创新能力，还需要及时适应企业灵活的组织形式，以提高企业的综合效率。

### 三、企业家联盟控制劳动力成本

自 1990 年以来，随着各国贸易的发展，企业的竞争日趋激烈，尤其是全球经济区域的分组和新贸易保护主义的盛行，为企业开拓新市场、巩固旧市场带来巨大困难。如果一家企业想在国际市场上得到发展，仅靠自身实力是远远不够的。在当前的全球经济区域化、一体化和全球化形势下，即使是著名的单个跨国公司也无法完全控制和垄断全球市场。因此，越来越多的企业走上了联盟之路。传统的公司边界随着企业联盟的兴起而发生变化，并开始改变世界的商业环境。联盟的结果便是在最终产品市场和劳动力市场上均形成了寡头结构。这些企业联盟在劳动力市场中运用其垄断力量对行业的竞争进行限制，使内部企业拥有优先权，并在人事领域实施独特的运行规则，限制外部劳动者的流入，形成相对封闭的内部劳动力市场，而企业家联盟致力于控制劳动力成本，提高企业的经济效益，倾向于对行业劳动力市场进行垄断，这劳动力市场通过排斥外部劳动者，控制行业就业人数，导致行业就业效率降低，并可能对劳动者造成伤害。

## 第四节 制度变化下，就业问题眼花缭乱

### 一、政府职能细化，影响劳动力市场价格

随着政府职能进一步细化，许多发展中国家还实施了最低工资制度。自 20 世纪五六十年代以来，世界上所有发达国家和大多数发展中国家都已实施最低工资制度或类似规定。但是最低工资在一定程度上也导致了失业率的上升。查尔斯·布朗通过比较一定时期内的最低工资变化与青年就业变化，研究了最低工资对青年就业的影响，发现最低工资提高了 10%，青年就业下降了 1%～3%。1999 年，奥博迪和卡玛兹（Abode and Klamaz）研究了法国的最低

工资与就业间的关系,得出的结论是最低工资的增加将引起就业的变化。在法国,最低工资每提高 1%,男性工人的就业机会减少 1.3%,女性工人的就业机会减少 1%。

改革开放后,我国劳动力市场迅速发展,市场在资源配置中发挥了根本作用。但是,随着经济体制改革的不断深入,我国的劳动力市场正面临着严重的劳动力供过于求,导致工资下降,于是,我国政府开始探索和实践建立最低工资制度。我国与实行最低工资制度的西方国家相比,最大的差别是仍有 65% 左右的农村劳动力,而一个农民的年农业收入不到 2 500 元,这才是农民工在接受低于最低工资标准的工资时的真实机会成本。以农民工为主题的低技能劳动力市场是典型的买方垄断市场,只要我国农民的收入水平没有大的提高,就会有农民工接受低于最低工资标准(表3.1)的工作。如果继续提高最低工资标准,结果只会提高民营企业用工的实际成本与违约成本,客观上削弱城镇就业量,不利于城市化进程。

表 3.1 全国各地区最低工资标准情况　　(单位:元)

| | 月最低工资标准 | | | | 小时最低工资标准 | | | |
|---|---|---|---|---|---|---|---|---|
| | 第一档 | 第二档 | 第三档 | 第四档 | 第一档 | 第二档 | 第三档 | 第四档 |
| 北　京 | 2 200 | | | | 24 | | | |
| 天　津 | 2 050 | | | | 20.8 | | | |
| 河　北 | 1 900 | 1 790 | 1 680 | 1 580 | 19 | 18 | 17 | 16 |
| 山　西 | 1 700 | 1 600 | 1 500 | 1 400 | 18.5 | 17.4 | 16.3 | 15.2 |
| 内蒙古 | 1 760 | 1 660 | 1 560 | 1 460 | 18.6 | 17.6 | 16.5 | 15.5 |
| 辽　宁 | 1 810 | 1 610 | 1 480 | 1 300 | 18.3 | 16.3 | 15 | 13.2 |
| 吉　林 | 1 780 | 1 680 | 1 580 | 1 480 | 17 | 16 | 15 | 14 |
| 黑龙江 | 1 680 | 1 450 | 1 270 | | 16 | 13 | 12 | |
| 上　海 | 2480 | | | | 22 | | | |
| 江　苏 | 2 020 | 1 830 | 1 620 | | 18.5 | 16.5 | 14.5 | |

续表

| | 月最低工资标准 | | | | 小时最低工资标准 | | | |
|---|---|---|---|---|---|---|---|---|
| | 第一档 | 第二档 | 第三档 | 第四档 | 第一档 | 第二档 | 第三档 | 第四档 |
| 浙江 | 2 010 | 1 800 | 1 660 | 1 500 | 18.4 | 16.5 | 15 | 13.6 |
| 安徽 | 1 550 | 1 380 | 1 280 | 1 180 | 18 | 16 | 15 | 14 |
| 福建 | 1 800 | 1 720 | 1 570 | 1 420 | 18.5 | 18 | 16.5 | 15 |
| 江西 | 1 680 | 1 580 | 1 470 | | 16.8 | 15.8 | 14.7 | |
| 山东 | 1 910 | 1 730 | 1 550 | | 19.1 | 17.3 | 15.5 | |
| 河南 | 1 900 | 1 700 | 1 500 | | 19 | 17 | 15 | |
| 湖北 | 1 750 | 1 500 | 1 380 | 1 250 | 18 | 16 | 14.5 | 13 |
| 湖南 | 1 700 | 1 540 | 1 380 | 1 220 | 17 | 15 | 13.5 | 12.5 |
| 广东 | 2 100 | 1 720 | 1 550 | 1 410 | 20.3 | 16.4 | 15.3 | 14 |
| 其中：深圳 | 2 200 | | | | 20.3 | | | |
| 广西 | 1 810 | 1 580 | 1 430 | | 17.5 | 15.3 | 14 | |
| 海南 | 1 670 | 1 570 | 1 520 | | 15.3 | 14.4 | 14 | |
| 重庆 | 1 800 | 1 700 | | | 18 | 17 | | |
| 四川 | 1 780 | 1 650 | 1 550 | | 18.7 | 17.4 | 16.3 | |
| 贵州 | 1 790 | 1 670 | 1 570 | | 18.6 | 17.5 | 16.5 | |
| 云南 | 1 670 | 1 500 | 1 350 | | 15 | 14 | 13 | |
| 西藏 | 1 650 | | | | 16 | | | |
| 陕西 | 1 800 | 1 700 | 1 600 | | 18 | 17 | 16 | |
| 甘肃 | 1 620 | 1 570 | 1 520 | 1 470 | 17 | 16.5 | 15.9 | 15.4 |
| 青海 | 1 700 | | | | 15.2 | | | |
| 宁夏 | 1 660 | 1 560 | 1 480 | | 15.5 | 14.5 | 13.5 | |
| 新疆 | 1 820 | 1 620 | 1 540 | 1 460 | 18.2 | 16.2 | 15.4 | 14.6 |

资料来源：中华人民共和国人力资源和社会保障部网站。

注：本表数据时间截至 2020 年 3 月 31 日。

劳动力市场的供求是决定劳动力价格的唯一因素。最低工资标准的实施可能会失去部分竞争优势，并可能在技术和资本密集型的方向上阻碍企业的发展，从而带来巨大的就业压力。

## 二、劳务合同条款隐蔽化，侵害劳动者权益

资本主义出现以前的人类社会，在法律上处于民刑不分的状态。民事合同、劳动合同（雇佣合同）、经济合同也还没有分家。劳动合同、经济合同，包括在民事合同范畴，也适用民事合同的原理。具体表现，是在"民法"中规定"雇佣合同"。直到现代，才有一些资本主义国家将劳动合同从民事合同中分离出来。随着经济和社会的发展，劳务合同相关的法规得到完善，但是一些合同条款的隐蔽，却侵犯了劳动者的合法权益。

近年来，由于企业生产成本上升，为了增加经济效益，部分无良企业故意隐蔽劳务合同中的条款，导致劳动者合法权益被侵害，尤其是在对劳动者文化水平要求不高的行业，这样的现象时有发生。例如建筑行业，"层层转包"在行业是普遍现象，管理层与作业层的隔离，导致包工头之间形成"信用债"及"三角债"关系，如果工程现金流断裂，工人工资将会被拖欠。但由于劳动者文化水平较低，容易忽略劳务合同中不合理的条款，或不能注意到劳务合同中的隐藏条款，当自身权益受到侵害时，难以寻找途径维权。

事实上，自2004年至2006年我国首次出现"农民工荒"以来，标志着中国廉价劳动力时代的结束。特别是在中国进入新经济和新时代之后，对体面劳动和有尊严的生活的劳动需求越来越强，仍然依靠廉价劳动力赚钱的公司将很难生存。因此，经济转型、升级成为所有企业实现体面劳动并承担社会责任的客观动力和要求。

当今已步入灵活用工时代，越来越多的单位为了自身经济效

益，采用劳务派遣这种新型的用工方式。然而，劳务合同的不完善性使其在某些时候无法完成对劳动者权益的保护，也容易忽略用工单位的权益保护。当用工单位权益受到损害时，将导致用工单位承担不公平的责任，这将制约和影响我国劳务派遣业的长远发展和企业经济效益的提高。

另外，由于相关法律法规不够完善，使得劳动者权益的责任方难以确认。比如有些灵活就业人员可能为多个用人单位服务，像许多饿了么的众包骑手，同时在为达达、美团等多平台服务，送货的电动车上可能有多家公司的外卖，难以确定工伤保险的缴交责任主体。

### 三、工人参与制度提升劳动效率，但也带来失业问题

西方现代企业制度是对西方资本主义市场经济的实践研究和经验总结的产物，某些成功的经验和操作方法具有普遍的适用性。而工人参与制度是现代企业制度中的一项重要制度，主要内容是让职工参与利润分配、资本运作和企业管理。

参与分享利润，就是雇主拿出一定数量利润供雇员分享。在美国劳工统计局1989年雇员收益调查资料中，美国大中型企业的全日制雇员有16%的员工参加了各种形式的利润分享计划。参与管理主要包括对有关职工利益问题和企业重大经营决策的参与决定。我国在国有企业改革中，具体体现为民主管理有所加强。参与资本主要形式是员工持股。

工人参与制度是现代企业制度的重要内容和组成部分，对于调动广大职工的生产积极性，参与民主管理，提高劳动效率都有重大意义。但工人参与制度一定程度上增加了企业的成本，如管理成本、培训成本等，而且为了激励员工参与持股，有些企业甚至做出弥补可能出现损失的承诺，甚至给予了高收益回报，导致企业实际

运行时资金紧张,不得不为了节约成本而减少劳动力需求。

另外,工人参与有利于企业培养复合型人才,为了提高经济效益,企业倾向于从数量上减少对劳动力的需求。

**四、第三方协商制度、仲裁、诉讼增加了企业的劳务纠纷风险**

当前的劳动争议处理系统成立于 20 世纪 80 年代,当时还处于改革开放初期。劳资关系中的利益差异很小,劳资纠纷的数量很少,并且关系相对简单。其中大多数可以通过调解或仲裁解决。近年来,世界范围内的劳资纠纷大幅度增加,劳资纠纷的仲裁率逐年提高。由于预仲裁系统的设计,劳动仲裁裁决处于劳动争议解决过程中的中间环节。一方面,仲裁必须经过审判,这可能会增加企业处理相关仲裁的费用;另一方面,大量的劳资纠纷在仲裁后被提起诉讼,未能发挥仲裁作为转移争议案件的争端解决机制的作用,企业的用工成本进一步增加。

随着市场经济的改革进入深水区,我国的劳动纠纷变得愈加复杂,劳动者的现实需求与劳动争议处理体制之间的矛盾也日益突出。统计数据显示,全国各级法院审结劳动案件总数逐年增加,2015 年审结 167 888 件,2016 年审结 622 044 件,相较 2015 年大幅增加。

在非正规就业领域,尤其是农民工群体集中的建筑、装修、餐饮、零售等企业,劳务纠纷频繁出现。以建筑行业为例,由于"包工头"将项目挂靠在施工单位,"包工头"以被挂靠施工单位招用人员,农民工工资平时均由包工头个人支付,后因包工头个人资金链断裂导致欠付工资,在农民工多次闹事后个人书写多张工资欠条后无故消失,最终法院将判决由被挂靠施工单位承担工资支付责任。

因此,在包工头用工模式下,多数建筑企业会根据包工头按月上报的人工费清单,将相应劳务费用支付给包工头,一旦包工头拖延支付劳务费或者卷款而逃，拿不到劳务费的劳务工人就会来建筑企业追讨劳务费，甚至发生拉横幅闹事、上访等群体性维权事件，给企业带来了严重的负面影响。即使建筑企业提供已支付全部劳务费的财务凭证，但由于劳务工人作为实际施工人并未拿到劳务报酬，建筑企业对于拖欠的农民工工资存在偿付风险，业主单位和总包单位在未结清的工程款限额内应承担垫付风险。面对这些劳务纠纷风险，企业倾向于降低劳动力需求，以降低成本并规避劳务纠纷风险。

## 第五节  全球生态恶化，部分行业劳动力需求减少

20世纪90年代，酸雨、臭氧层破坏、气候变暖等问题日益显现，尤其是气候变暖问题，引起国际社会的担忧。以二氧化硫的排放对就业影响为例，数据显示，在给定其他条件不变的情况下，二氧化硫排放量每增加1%，就业人数则减少0.3345%，二氧化硫排放使第二产业和第三产业的劳动力就业人数减少，就算第一产业的劳动力数量有所增加，这种转移效应依然不能弥补第二产业和第三产业的就业损失人数。环境经济学家认识到环境与经济发展的主要矛盾是经济发展对化石能源依赖过高，导致温室气体排放过多，地球气候变暖，而化石能源的稀缺性也导致当前人类经济发展模式的不可持续性，这种认识促进了低碳经济理论形成。

全球生态恶化促使众多发达国家以及中国、印度等发展中国家纷纷开始探索新的经济发展模式，特别是在2008年金融危机的波及下，各国的经济不景气，失业率上升，生态恶化和劳动力红利逐渐消失，探索新的经济发展模式成为刺激经济和就业并保护全球生态的良方。在此背景下，各经济体的行为方式和社会经济的运行方式都将发生重大变革，部分行业的企业也将调整劳动力需求。

有学者将生态恶化背景下采取的低碳经济对企业劳动力需求的

影响分解为替代效应与成本效应。根据企业的生产函数

$$Y = f(L, K)$$

其中，Y 表示产出，L 表示劳动力投入，K 表示资本投入。假设资本投入分为两类，一类是清洁生产投入，一类是环境污染投入。

政府通过各种政策手段控制或激励企业实现节能减排的目标，为了限制环境污染投入，政府会对其征收税费，从而推高企业的生产成本；对于实现清洁生产的企业，政府会给予资金补贴、税收减免等，在既定要素投入量下，企业生产成本会下降。这些政策通过影响企业的生产成本导致劳动力需求量的变动。

对企业劳动力需求量的影响可以分解为替代效应和成本效应。替代效应是指新的经济发展模式通过影响劳动力成本占总成本比重，从而影响劳动力需求。成本效应是指新的经济发展模式通过影响总成本，从而影响劳动力需求。

对于环境污染投入，企业约束污染投入的消耗，加上政策影响，环境污染投入的价格上升，劳动力价格相对下降，从而产生替代效应，使劳动力需求增加。假设要素价格比不变，总成本水平上升，总投入减少，成本效应使劳动力需求相应减少。当成本效应大于替代效应时，企业的劳动力需求减少。即当劳动力对污染投入的边际替代率相对较大时，污染投入的需求价格弹性也相对较大，提高污染投入价格的成本效益较高，企业劳动力的需求会遭到抑制。但是在污染投入缺乏弹性的情况下，提高污染投入价格所形成的劳动对污染投入的替代效应较大，企业劳动力投入增长。

对于清洁生产投入，企业通过提高技术水平，采用节能降耗的新机器设备和生产工艺来降低资源品和能源使用导致的环境污染程度，而政策的支持使清洁生产投入价格下降，劳动力价格相对上

升，因此产生了清洁生产投入对劳动力的替代。假设要素价格比不变，总成本水平降低，总投入增加，成本效应使劳动力需求对应增加。当替代效应大于成本效应时，企业的劳动力需求减少。

部分企业还没有完成转型升级的情况下，既有路径下的发展会受到越来越多的约束，比如市场需求减少，资源环境要求提升等，企业也面临着生产任务减少、企业开工率不足的问题，企业总收入大幅减少。在我国，过去30年发展的企业，大多数是劳动密集型的，工资成本突然上升后，企业很难在短期内通过提高技术来提高劳动生产率，部分企业陷入成本压力中。

# 第四章　中国视角：经济新常态下的劳动力

## 第一节　社会生产力高速发展，生产关系难以适应

生产关系的变化和发展取决于生产力的变化和发展，生产力的发展始于生产工具的改革和农业技术的进步。生产率决定生产关系，当生产关系适应生产力的发展时，就会促进生产力的发展。当生产关系不适应生产力的发展时，就会阻碍生产力的发展。

随着金属工具的出现，生产活动的完成可以由更少的劳动者完成，生产率有了进一步的提高。随着个体劳力的日益普及，原始社会氏族公社最初拥有的生产材料逐渐转移给个体家庭。土地私有化标志着社会上私有制的建立。可以看出，私有制的出现是当时生产力发展的结果。

在封建社会中，地主阶级掌控着大部分土地，而直接从事农业生产的农民对土地是没有所属权的。为了维持生活和生存，从事农

业生产的农民必须去租赁土地，而劳动成果作为租金都得交给地主，遭受地主的剥削。因此，封建土地所有制是地主阶级剥削农民的基础。剥削的主要方法是地租，包括三种具体方法：劳动力租金、有形租金和货币租金。

在资本主义社会中，生产关系的基础是资本主义对生产资料的私人拥有。资本主义社会的生产力状态是大规模的机器生产替代了体力劳动。近两个世纪，资本所创造的生产力是之前的总和。资本主义通过股份公司调整生产关系，以适应生产力的发展。资本组织的一种重要形式是通过大量垂直合并形成股份制公司。股份公司可以实现技术改造，减少商品流通的中间环节，帮助组织生产，提高经济效率，加强竞争能力。

而目前我国的企业中，生产关系存在着一些问题。主要包括以下几方面。

第一，现代生产是一种大规模的社会化生产，它不仅需要巨额的资金投入，而且还需要有效的运营和管理。中小企业力量过于薄弱，需要联合抱团开展生产活动。由于所有权和管理权分开，中小资本所有者通常不直接参与生产和经营活动。他们仅凭借股票所有权获得股息。在现实世界中，这些人，尤其是小型资本所有者，除了拥有公司股票以外，不再从事任何其他经济活动。在许多情况下，他们类似于普通的工资工人。他们还出售自己的劳动力并受雇于某家公司。某家公司可以是其持有股份的公司，也可以是另一家公司。

第二，雇佣工人在直接生产过程中的地位严重分歧。在资本主义生产方式的初始时期，"自由"工人不得不出售自己的劳动力，并被某个资本家雇用，以谋生和养家糊口。资本家拥有生产资料，而工人没有任何生产资料，这决定了工人的地位是不平等的，导致生产过程中的剥削与被剥削关系依旧存在。在直接生产过程中，资本家是经理，被雇用的工人是被管理者，必须服从资本家的管理和监督。"最初的货币所有者变成了资本家，昂首挺胸地前进；工人所有者成为了他的工人，紧随其后。现代法人企业，一方面，有大量的投资者，而这些投资者不能直接参与企业的日常管理活动。另一方面，企业规模庞大，管理复杂，需要精通管理的专业人员才能胜任。

在这两种问题下，企业制存在的失业问题难以解决。

## 第二节 二元经济结构仍在，农村劳动力问题面临新挑战

诺贝尔经济学奖获得者刘易斯将发展中国家的社会生产分为两个部分：一个是通过现代方法生产的劳动生产率较高的部门（A 部门），另一个是通过传统方法生产的劳动生产率较高的部门（B 部门）。A 部门具有更高的生产率。在 B 部门，劳动的边际生产率很低，甚至为零或负。在这个部门，工资不是由工人的边际生产率决定的，而是由工人平均分享的劳动产品的产量决定的。部门 B 的收入决定了部门 A 的下限。由于人口众多，劳动力资源有限，劳动力的资本相对丰富，即使部分劳动力被转移出产业，产业的产出不会下降。换句话说，以当前工资计算，A 部门提供的就业机会是无限的。因此，在劳动力供给无限的条件下，A 部门将逐渐扩大，B 部门将逐渐萎缩。换句话说，随着劳动力的转移，二元经济结构将被消除。这就是著名的刘易斯模型（图 4.1）。发展中国家的农业部门有大量的劳动力，其边际生产率为零。城市部门通过吸收传统农业无限供应的"剩余劳动力"并依靠利润积累和资本化来促进工业化和国民经济发展。其特点是重视物质资本的形成和工业部门的扩大。在二元经济发展的第二阶段，农业劳动力的边际生产率大于零，工业不可能总是从农业中获得剩余劳动力。依靠增加

农业劳动力供应的工业化是以减少农业产量为代价的，劳动力从农业部门转移出去。前提是提高农业生产力。因此，在工业化过程中，必须保持农业生产率的同步增长，以增加农业剩余劳动力并释放农业劳动力。

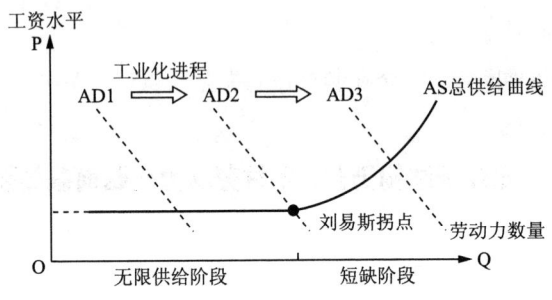

图 4.1 "刘易斯拐点"示意图

根据刘易斯的二元经济理论，现代部门与传统部门两个部门构成发展中国家的经济体系。市场经济原则是现代部门的经营准则，经营者目的是获取最大利润，劳动力需求是雇用工人人数的标准，它是通过将边际劳动产品的价格与当时的工资水平进行比较而确定的。传统的农业生产部门的技术和生产方法相对落后，与外界的联系薄弱，自给程度不同，收入水平明显低于现代部门。从长远来看，收入差距促进了农村劳动力向现代部门的持续流动，最终实现了经济现代化；但从短期看，在现代化过程给定时期，现代部门没有能力吸收传统部门存在的所有剩余劳动力。中国作为一个"二元经济"结构的国家，存在着大量的农村剩余劳动力，构成了我国结构型失业的新特点。

中国作为世界上最大的发展中国家，城乡二元经济结构主要表现为：城市经济以现代大规模工业生产为主导，同时服务业迅速发展，农村经济仍有许多地区以小农方式为主导。城市在基础设施完善程度、教育水平、医疗卫生水平等方面均显著高于农村。而中国的农村人口占据中国总人口的一大部分，这成了目前我国作为发展中国家经济结构中的突出矛盾。二元就业结构的转变滞后于二元生产结构的转变，直接造成了农村劳动资源相对过剩与有效利用不足。而我国人口基数大，农业人口在人口总量中又占较大比例，农业部门劳动生产率远远低于现代部门，所以我国正是处于这样的"二元经济"结构状态中，存在着大量的农村剩余劳动力。当农村剩余生产力向城市移动时，会受到新技术的冲击，遇到劳动素质不匹配工作的现象，加剧了中国结构性失业程度。在经济新常态的背景下，这种失业情况可能会持续下去。

## 第三节 环境生态问题严峻，部分行业受限

在中国现代化的过程中，发展了许多重化工业，在提高GDP和就业的同时，造成了许多环境问题，比如雾霾、土地荒漠化等，给居民的生活和健康带来了很大影响。在我国迈向经济新常态的过程中，如何平衡就业和清洁空气是政府遇到的一大难题。

当前，采矿业、工业等作为中国的主要产业，带动了国家的经济增长，但是环境每况愈下，一旦严格执行环境保护措施，这两个行业的就业都会受到打击，这一打击的直接结果就是公司裁员与降资。

在巴黎举行的联合国气候变化大会上，中国承诺在2005年的基础上将每个经济单位的碳排放量减少65%，2030年碳排放量将达到峰值，这意味着中国必须加快污染减排。但是，经济发展与环境保护是一个两难选择。

根据2017年《猎聘开年人才报告：雾霾正逼走人才，环境因素大大影响择业》这篇报告的数据来看，我国的环境生态问题，尤其是雾霾，正驱赶着劳动力。

在2016年按人才净流入排名的前20个城市中（图4.2），前三名是杭州、长沙和武汉，分别占8.90%、4.28%和4.23%。这三个城市的共同特点是都是省会城市，宜居且烟雾较少；以服务业为主的行业优势突出。在这20个城市中，传统的一线城市排名较低。深圳排名第四，人才净流入率为4.00%。上海以3.43%排名第五。北京以2.02%排名第九。广州以-0.69%排名第二十。值得一提的是，东部和南部沿海的二、三线城市中，大多数都在名单上。这些城市大多位于经济发达的地区，烟雾较少。

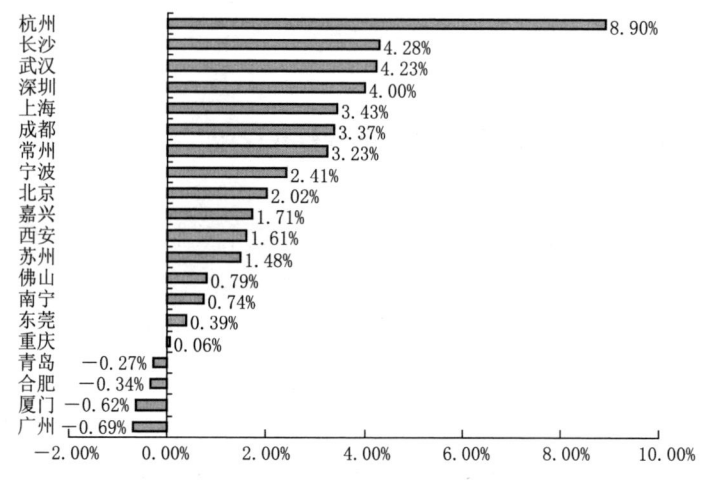

**图4.2　2016年人才净流入城市分布前二十**

北京一直是雾霾的重灾区。近年来，大多数北方城市（如西安）都没有幸免。2016年，以宜居性著称的成都等城市也受到烟雾的影响，排名相对较低，占3.37%，排名第六。从这种类型的排名来看，一线城市不再是最能保留人才的城市。具有合适的住房价格、宜居的气候和令人鼓舞的发展前景的二、三线城市可以吸引人才。这些人才的选择结合了工作机会和生活，更加理性、务实。

## 第四节 新阶段，新需求

### 一、两个百年目标在即，经济增长新要求

中国共产党在十五大提出了"两个一百年"的奋斗目标：到建党一百年时，使国民经济更加发展，各项制度更加完善；到 21 世纪中叶新中国成立一百年时，基本实现现代化，建成富强民主文明的社会主义国家。在这个过程中，我国经济增长模式将转化为新常态下的经济：一是经济从高速增长转为中高速增长。二是经济结构不断优化升级，第三产业、消费需求逐步成为主体。三是从要素驱动、投资驱动转向创新驱动。

实行经济新常态，习近平提出"三去一降一补"，即去产能、去库存、去杠杆、降成本、补短板五大任务。针对供给侧进行改革，主要涉及产能过剩、楼市库存大、债务高企这三个方面。但是，改革带来了许多问题，尤其是结构性失业问题。

首先，在经济体制改革的进程中，政府经济职能的转变一直是一个严重的问题。政府不仅拥有分配资源的巨大权力，而且还使得资源分配不完全基于市场机制，导致效率低下和寻租行为频繁。许多中央企业和地方国有企业也占用了大量的资源。除主要业务外，它们还在扩展和多样化，仅关注规模而不关注效率。另外，宏观调控体系和调控方法、财税金融体系、投融资体系也存在很多问题。经济体制改革的停滞或缓慢对基于市场、体制和概念上的结构性失业影响更大。

其次，随着我国经济的快速发展，产业结构的变化与调整在不断深入。国家统计局 2014 年的统计数据显示，第一产业、第二产业和第三产业增加值分别占 GDP 的 9%、43% 和 48%，表明第一产业和第二产业相对较高。同年，全国有 7.7 亿名员工，第一产业、第二产业和第三产业的雇员比例分别为 30%、30% 和 40%。

第一产业和第二产业的就业机会几乎相等,但是第一产业的增加值仅为第二产业增加值的 20% 左右。 同时,第二、第三产业从业人员大多集中在城镇,从业人员的城乡分布严重失衡。 这些因素导致了显著的市场和机构结构性失业。

最后,信息技术的发展加速了知识的老化,这很容易导致概念上和供应滞后的结构性失业。 信息技术的发展速度通常符合摩尔定律。 内容是:当价格保持不变时,集成电路上可容纳的组件数量每 18~24 个月就会增加一倍,并且性能也会提高。 换句话说,以相同价格购买的计算机的性能每 18~24 个月将增加一倍以上。 经合组织的数据还表明,在 20 世纪 70 年代,知识的积累在 20 年中翻了一番。 在 90 年代是 10 年。 现在还不到 5 年。 知识正在爆发性增长。 因此,某些工作需要的专业知识越多,知识的贬值率就越高,这将对劳动者的就业构成严峻挑战,并容易导致概念性和供给滞后的结构性失业。

## 二、 产融结合前景广泛,市场支撑匮乏

工业金融一体化是指为了共同发展目标和通过参股、控股和人员参与的总体利益,在经济运行中工业与金融业的内部结合或一体化。 工财一体化,不仅是有利于社会资源的有效配置,也有利于企业的规模化发展。 世界 500 强公司中有 80% 以上已成功实施了整合工业和金融的战略行动。 从全球的角度来看,工业和金融的融合大致可以分为两种形式:"从工业到金融"和"从金融到工业"。 从工业到金融,即工业资本主导型,以工业资本为旗帜,将部分资本从工业转移到金融机构,形成金融核心。 从金融到工业,即以金融资本为导向,金融资本主动控制着工业生产,而不是单纯地投资于股票。

与先进的国际企业相比,中国企业的产业和金融一体化历来受

到政策发展缓慢的制约，产业和金融的一体化程度明显落后于国际先进企业。此外，由于中国银行业改革的滞后以及工业资本的首次成熟，确定中国产业与金融一体化的发起者不是金融资本，而是工业资本。此外，我国的政策规定，银行业不能对产业进行投资。因此，中国现有的大型企业产融一体的发展方式主要是通过投资形成的产业集团，即"产业投资金融"。从我国过去黄金十五年中转型较成功的央企来看，它们多数抓住了金融和地产爆发的时机，从而分享了两大爆发式增长产业的大蛋糕。

当前，我国工业金融一体化正处于扩张阶段。在国家逐步推进放开金融的背景下，国内的大企业正处于扩张阶段，并追求金融业务的规模和多元化。通常涉及多个领域。越来越多的公司开始了解工业和金融一体化的优势。产业与金融的融合是促进企业的再次腾飞，实现规模经济、产业链效应，增强整个产业链的核心竞争力，保持传统企业的增长，开拓新市场，培育新业务。实体企业可以进行一些股权投资，并继续扩展到其他创新业务，以维持多元化的产业格局。最终，工业和金融的融合促进了公司国际化战略的实现。

但是与此同时，产融结合同样带来了许多问题。首先是产融结合自身的风险，如股东投身于金融行业致使其对实体企业监管不足，市场对相互人事参与等的解决方案缺乏，产融结合造成道德风险问题等。金融扩散性，一个问题会多米诺效应引发一连串问题，而且它涉及储蓄者、投资者等广泛的民众，因此金融机构出了问题，政府也必须插手监管，造成许多无力承担产融结合风险的企业大胆参与产融结合，在危机时期待政府救市，形成道德风险。

除此之外，我国由于特殊的体制政策，在产融结合还面临五个方面的问题：分别是中国金融体制行政色彩过浓、没有能够发挥集团的整合效应、风险认识与抗御能力不足、金融创新和服务不足，金融人才储备不够（图4.3）。这些问题一方面催生灵活用工产业，另一方面亟须市场各方面予以支持。

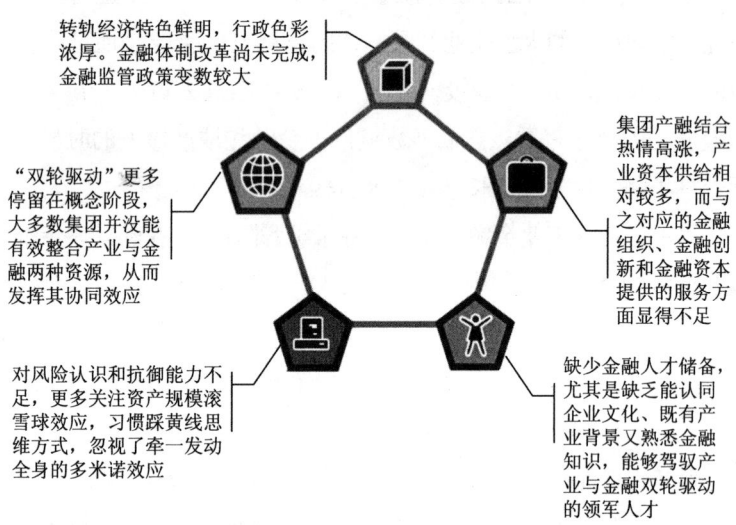

**图 4.3　中国产融结合面临的五大主要问题**

## 三、新基建规划美好蓝图，人才储备严重不足

在实现经济新常态的过程中，科技起到了巨大的推进作用。科技的进步对所需的劳动力提出了更高的技能要求，特别是对于人才储备严重不足的一些新兴产业。根据《2016年中国劳动力市场技能差距研究》报告，就主业而言，人才短缺最多的行业是水利、环境和公共设施管理，平均短缺7.00种人才，其次是文化和体育以及娱乐、住宿和餐饮业。制造业平均缺乏人才6.45。与其他行业相比，房地产行业更加缺乏战略设计人才、技术研发人才和互联网人才。这也已成为房地产行业人才突破的战略方向。在制造业中，国际管理人才和高级技术工人的短缺更加矛盾。突出的是，与其他

行业相比,营销人才的短缺相对严重。应该指出的是,在批发和零售业,房地产业和金融业中不缺少营销人才。这与这些人才所具有的人力资本的可替代性有关。营销人员比其他人才需要更多的专业知识,因此供应更加充足。此外,金融业不缺乏财务管理人才和资本运营人才。与其他行业的公司相比,信息传输、软件和信息技术行业的互联网人才短缺相对较少。这表明具有专业素质的人才往往集中在相对专业的领域,而综合领域缺乏各种类型的专业人才(表4.1)。

表4.1 不同主营业务所属行业的企业各类人才短缺程度

（单位:%）

|  | 制造业 | 批发和零售业 | 建筑业 | 信息传输、软件和信息技术 | 房地产 | 金融业 |
| --- | --- | --- | --- | --- | --- | --- |
| 战略设计人才 | 89.37 | 89.52 | 88.30 | 79.31 | 94.74 | 90.00 |
| 经营管理人才 | 67.17 | 59.20 | 63.40 | 65.88 | 57.89 | 74.19 |
| 技术研发人才 | 79.35 | 80.65 | 82.61 | 64.37 | 82.46 | 54.84 |
| 市场营销人才 | 59.15 | 48.00 | 46.94 | 58.62 | 43.10 | 40.63 |
| 财务管理人才 | 28.73 | 27.56 | 26.15 | 31.03 | 24.14 | 9.68 |
| 资本运作人才 | 81.10 | 83.87 | 83.68 | 66.28 | 82.76 | 48.39 |
| 互联网人才 | 73.15 | 78.57 | 78.72 | 68.97 | 80.70 | 77.42 |
| 国际化管理人才 | 93.03 | 95.20 | 92.39 | 79.31 | 94.74 | 93.55 |
| 高级技术工人 | 80.50 | 68.00 | 79.79 | 74.42 | 68.97 | 74.19 |

作为一种新兴技术,区块链由于具有防篡改、高透明度和可追溯性的特性,因此自然适用于许多领域。公开信息显示,自2015年11月以来,对与区块链和比特币相关的工作的需求增长了10倍。与区块链相关的工作激增,围绕区块链技术的一些崭新的IT工作也如雨后春笋般涌现。从2008年10月,中本聪(Satoshi Nakamoto)写了一篇关于区块链的论文,到2009年1月3日第一个

区块链的建立,只有很短的时间。过去,从来没有像区块链这样的技术能够如此迅速地引起全世界的关注和渴望的应用热情。但总体来说,包括中国在内的世界所有国家对区块链的了解都非常有限,区块链的人才库极其不足。根据 LinkedIn 等网站发布的报告,在过去几年中,特别是在 2018 年,许多国家对区块链人才的需求呈现出突飞猛进的增长。招聘区块链人才的公司增长了 2 000%,最高达到 3 500%。尽管招聘职位有所增加,但能够满足要求的区块链人才很少。根据国家研究院智库的一份报告,在中国拥有真正的区块链开发和相关技能的人才非常稀缺,约占总需求的 7%(图 4.4)。

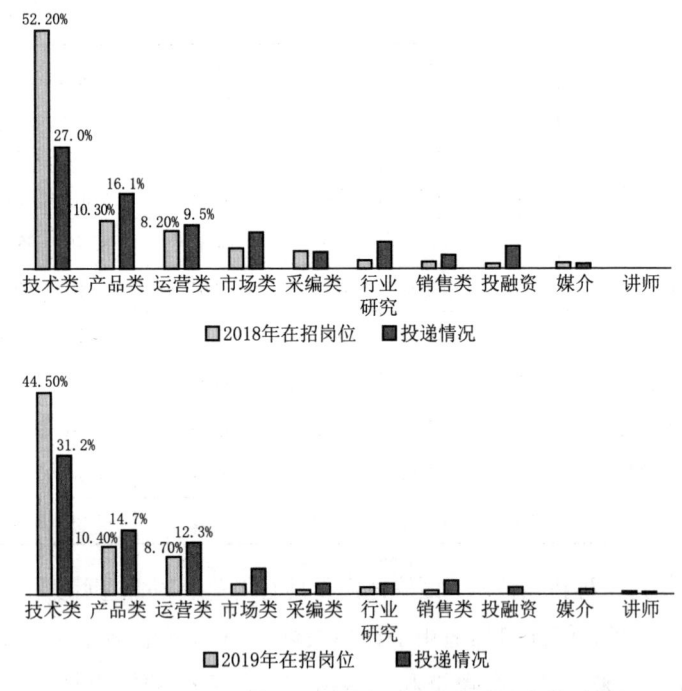

图 4.4 2018 年和 2019 年区块链企业在招岗位与投递情况

根据《2020 年中国区块链发展研究报告》称,目前我国的区块链劳动市场需求缺口比较大。2018 年技术类在招岗位占据半壁江山，但投递情况仅为 27%，2019 年技术类企业在招岗位 44.5%，投递占比为 31.2%。对比两年的情况，技术类人才的在招岗位占比有所下降，而投递占比有所上升，企业虽然在逐渐对区块链人才的需求趋于理性，但同样对区块链人才的要求同步提高，招工难问题依然存在于区块链等新兴行业中。

## 四、劳动关系转型对劳动力市场均衡造成冲击

随着新科技的大步迈进，人们的思想观念也随之不断进化，传统的老板员工的雇佣关系受到了比较大的冲击，劳动关系亟待转型升级，在这个过程中，出现了灵活用工现象。

灵活就业等同于"灵活派遣"。它是人才派遣服务行业中需求不断增加的产品服务，调度公司承担所有法定雇主责任。在调度员的数量、调度周期和选拔人才方面，它非常灵活，其中个人不与企业及其关联组织建立雇佣劳动关系，而组织直接与个人建立合作关系。双方遵循"共同承担风险、共同受益"的原则，建立平等的商业合同合作关系。如社交电商行业店主与平台的关系，共享出行行业司机与平台的关系。社会化用工是当下企业快速指数级增长的一种重要用工方式。

但是在传统的雇佣关系中，有一个现象可以说是在全行业全社会都普遍存在，那就是企业主们都认为企业给员工发工资，员工就得给企业主无条件地做事，甚至可以要求员工无条件服从和企业利益至上。这是一种简单粗暴甚至带有一点专制色彩的管理思维，老板很少去想怎么跟员工合作，更没有把和自己公司相关的人放在一个比较对等的位置上来考虑利益该怎么分享的问题，在这种前提下要求员工的忠诚度无异于痴人说梦。对于传统行业老一辈的从业人员，其实不管是老板还是员工，对于企业管理，大多是可以接受较为苛刻的管理和等级观念的，即便是面对不太公平的分配规则，

也觉得比较正常。但现在的就业者，80后、90后逐渐成为主流，他们的就业观念，以及社会环境为他们提供的选择机会，跟原来都不一样，他们更注重工作氛围的平等化、人性化、舒适度和自由度，也普遍更有勇气去争取合作与分配机制的对等性。

在现在越来越多元化的社会里，人才的观念和选择机会越来越多样化，"资本经济"也在各种新技术新模式的冲击下面临"知本经济"的挑战，企业与人才之间，更多是生产力要素的组合关系，更应是平等的合作伙伴关系，而不仅仅是纯粹的雇佣关系。企业主和就业者这种观念的分歧，也是造成人才流动性很大的一个根本原因。时代在变，合作的精神相通，但合作的形式将更加多样化。在这个过程中，无法适应新思想新观念的企业将更面临"招工难、用工难"的问题，这种结构性失业发生在劳动力需求端，更为严重。

在新型劳动关系理念的冲击下，合作的形式会更加灵活更加多元化，可能会出现很多不要求完全绑定的工作关系。比如说有些人不再局限于在一家企业上班这种传统方式，可能他会同时服务于多家公司，而且工作形式可以不同。这样方式更灵活，选择的机会也会更多。典型例子，如许多饿了么的众包骑手，同时也在为达达、美团等多平台服务。对于企业来说，这种平行或交叉的合作关系，成本也会更低一些。很多人有多种工作身份，很多企业有多种工作关系的人参与，无论企业还是个体都有很大的自由度，为了满足高度圈层化的许多个性化需求而灵活组合，实现资源的更优配置。

## 第五节　法律限制集体争议，影响劳动者权益保护

我国是一个人口众多的国家，就业困难一直是一个突出的社会问题。供过于求的情况使雇主不注意签订劳动合同。许多公司不愿意与员工签订合同，因为这些公司认为签订合同意味着它们必须

承担很多责任。如果它们必须为雇员支付五种保险和一项住房公积金,则公司还将对雇员的错误和侵犯他人权益的行为负责。受某些限制等的约束,除非签订合同,否则没有证据,也没有任何限制。一些公司以"兼职"方式招募员工,实际工作量和时间与正式雇员相同,但是工资却不如正式雇员。法律明确规定:"如果用人单位自用工之日起超过一个月不满一年未与劳动者订立书面劳动合同的,应当依照《劳动合同法》第八十二条的规定向劳动者每月支付两倍的工资。"但是,由于法律意识薄弱,许多员工从根本上处于弱势。即使知道这一点,有些员工也不敢问公司,害怕失去手上的工作。这些都导致了非法就业的滋生。新《劳动法》颁布后,一些工人签署了合同,但工人没有保留合同文本。在一定程度上,这给工人捍卫自己的权利带来了困难。

在市场经济飞速发展的今天,很多公司最关心的是利润,而不是工人的健康和安全。例如空调安装工和建筑工人从事高空危险工作,在工作时,他们几乎没有防护设施。如果不小心,他们可能从数十米甚至数百米高处掉落。例如,在一些电子产品加工厂,许多人由于电子辐射而患有不孕症和其他疾病。最严重的是采矿企业一旦发生事故,往往会夺去数十人甚至几十个人的生命。这些工人很多都是家里面的顶梁柱,因为受伤或者意外会给家庭造成毁灭性的打击。

但是,我国现行法律制度对工人权利的全面保护方面还不够完善,主要体现在以下几个方面。

一是劳动争议必须在诉讼之前进行仲裁,劳动权利保护成本很高。法律明确规定,劳动争议仲裁是预先确定的,而该程序客观上造成了复杂的劳动争议解决程序。根据现行法律,调解可以在仲裁之前进行。如果调解失败,可以进行仲裁。该系统的初衷是更快地解决争端并节省司法资源,但实际上仲裁增加了当事方的负担,浪费了时间和精力，但仍然没有确定的结果。在通常情况下，雇主不会按照规定履行其支付相应工资的义务。试想一下，如果不能及时有效地解决劳资双方的纠纷，势必会影响工人的生存。"延误正义不是正义"，而仲裁所带来的结果显然与原初意图相去甚远。仲裁最初是在民事平等主体之间自愿进行的，是解决争端的一种方法。但是，劳动仲裁具有行政执法的色彩，偏离了民事仲裁的轨道。在当今快速的市场经济中，这显然不能满足自愿快速高效的要求。

二是申请劳动争议时效过短，不利于维护劳动者合法权益。

劳动者若针对用人单位，对其进行起诉等行为，他便会有被公司解雇的风险，同时劳动者个人相对于公司来说资源匮乏，处于劣势，因此他们宁愿选择容忍。假如一名劳动者在一家不符合国家规定的最低工资标准支付工资的单位工作5年，现在他想起诉公司讨回自己的权益，由于法律规定的局限性，之前被侵害的利益就无法追回。同时，由于仲裁时效仅为60天，劳动者得到权利的代价会高于收益，让劳动者感受到自身所处情况的不公平，从而引发其他社会问题。

三是劳动争议执行效力的有限性。一方面，除了法律有维护劳动者权益的权利外，企业作为雇主也可以对劳动者施加压力，比如解雇、除名等，这让法院很难执行，因为企业有自主经营权，法院无权干涉。实践中法院判决撤销某用人单位对职工予以辞退的处理，有些用人单位故意拖延时间不履行，致使劳动者权益难以在短期实现，同时很有可能更大程度地损害劳动者的权益。对于这类案件，法院只是在名义上保护了劳动者，劳动者的现实权益却无法实现。另一方面，企业由于规模庞大、资源丰富，更受政府欢迎，导致劳动者被忽视。

四是抑制集体争议、工会，对违反劳动法行为没有施以严厉的惩罚措施。

现实工作中超时加班的现象普遍存在，但按照超时加班标准进行处罚的非常少，大多数都是劳动部门找上门后才补发工资，处罚过于宽松。新的《劳动合同法》出台后，全国掀起"再就业"的浪潮，在这种大环境下，我国法律抑制了部分集体争议和工会，导致了劳动者维权无门，出现维权难的现象。

以上种种情况都加剧了我国劳动力市场结构性失业问题。

第二部分

# 灵活用工：产业组织与生活方式的伟大变革

随着社会快速发展,新技术不断涌现,生产力与生产关系不匹配的问题越发突出,社会结构性失业日趋严重,文化、法律、社会环境以及最低工资制度等均对企业招聘与劳动力求职产生巨大负面影响,传统雇佣性质的用工模式在社会化的浪潮中也变得力不从心。而灵活用工作为一种新兴的业务模式,将企业与员工之间由传统的雇佣关系转变为合作关系,有效地解决了目前社会招聘中的大部分问题,是社会劳动招聘发展到一定阶段的必然结果,具有广阔的发展空间。

# 第五章　灵活用工产业概况

## 第一节　传统用工 VS 灵活用工

1984年，英国苏塞克斯大学教授阿特金森（Atkinson）提出"弹性企业模型"理论，指出企业可利用弹性及多样性方式取代传统单一化人力雇佣，以适应内外环境的压力，此为最早的灵活用工学术理论雏形。20世纪初，美国率先出现具有灵活用工特征的用工模式"劳务派遣"，目的是解决严峻的失业问题和沉重的社会保障负担。随着社会经济和全球化发展，劳务派遣传入欧洲、日本等地，并得到不同程度的演变，多种形式的灵活用工模式开始出现。

与云计算模式类似，灵活用工使企业对劳动力"按需所取"。在企业中，固定员工的劳动力是定量，但工作量为变量，会随着淡旺季、项目的周期而上下波动。直线的定量和曲线的变量永远不可能随时吻合，灵活用工的出现可以调节定量中的变量，使工作量和劳动力相匹配（图 5.1）。

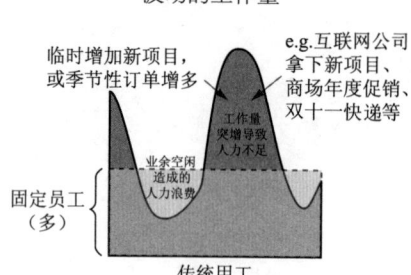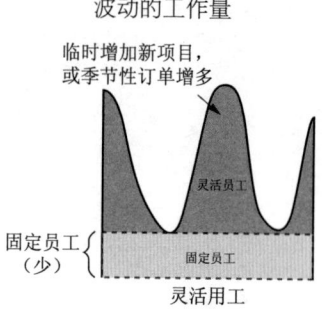

**图 5.1　传统用工 VS 灵活用工**

基于该模式特性和市场需求，利用信息、资源、技术等专业能力提供灵活用工服务的服务商开始出现，连接劳动者和用工企业，灵活用工行业诞生。灵活用工行业的参与方可分为灵活就业人群、灵活用工需求企业和连接二者的政府组织、灵活用工服务商。其中，服务商在灵活行业中起到枢纽作用。根据灵活用工服务的生产关系，广义的灵活用工可以分为两类：一类是传统灵活用工的劳务派遣和外包，这类灵活用工模式下服务商与灵活就业人群之间是劳动雇佣关系；另一类是共享经济下的新型灵活用工服务，这类灵活用工模式下服务商与灵活就业人群之间是合作关系。在本章中提到的灵活用工均指的是狭义的灵活用工，即劳资双方为商业合作关系的新型灵活用工模式。

灵活用工模式与传统固定用工模式的区别具体表现为劳动者时间和数量的灵活、用工方雇佣形式和管理方式灵活，服务商服务形态灵活等，本质是用工关系的灵活，个人与组织的关系从传统的劳动关系变为广泛的劳务和合作关系。从生产关系的角度看，传统用工关系的内核是不平等的资本对劳动力的雇佣与剥削关系，而灵活用工则更接近于一种互相雇佣的合作伙伴关系。灵活用工实现了企业与员工从传统的劳动雇佣关系变成基于平台的价值合作与交换关系。更宏观意义上,新型灵活用工是将全体灵活就业者作为一个资源池,从中选择用工匹配的人才;而个人亦可以将全部企业作为个人提供服务的平台,要实现这一目的,相应地要求以上蓝图实现的所有资源(包括个人和企业)信息的云化。

灵活用工的典型公司有米仓科技。米仓科技运用人工智能技术,智能安排寻工者对口工作,削弱劳动力市场供求失衡带来的结构性失业问题,打破传统雇佣模式弊端,开创灵活用工新模式;去雇主化,去组织化,丰富用工形式,实现降本增效转型升级。

## 第二节　灵活用工产业的特征

### 一、需求端结构

从行业角度来看,互联网公司占了国内灵活就业行业的大部分。互联网行业项目系统下雇用的工人数量发生了巨大变化,对精神工人的需求持续增长。由于互联网行业的多项目系统,人员需求随项目数量的不同而有很大差异,灵活就业在互联网行业处于有利地位。比如互联网行业的软件设计开发,企业的工作量取决于客户项目的任务,波动非常明显(图5.2)。在这方面,为了适应行业需

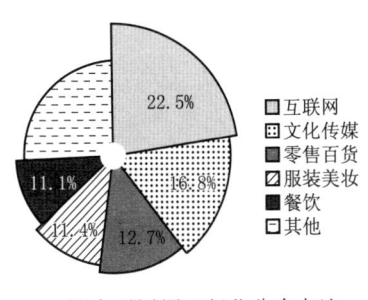
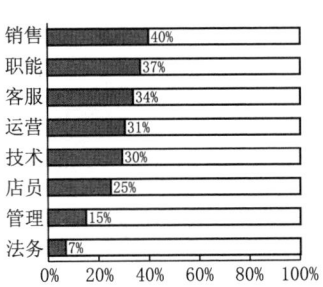

a:国内灵活用工行业分布占比　　b:国内灵活用工各岗位渗透占比

资料来源:问卷调研;案头研究;网络数据;上海劳勤。

**图 5.2　灵活用工需求**

求,互联网公司在人员结构上基本采用了项目系统。项目经理可以带领一个小团队实施业务运营,使公司能够快速适应市场变化。在这方面,已经以聪明的工作者的形式招聘了互联网公司中相对强大的通用职位,例如IT研发工程师,以提高企业工作量弹性。此外,2020年受新冠病毒疫情影响,企业用工成本上升、劳动者就业压力加剧,灵活用工市场爆发,国内酒店餐饮行业成为试水灵活用工模式的主力军。

## 二、供给端结构

目前,灵活用工行业正处于新兴阶段,市场高度分散,准入门槛低,导致进入市场的各类服务商鱼龙混杂,但随着行业的发展和规范,服务商需要具备更多的行业条件,如强大的现金流、深刻理解人力资源业务等,并遵守更严格的行业秩序,才能在市场上拥有一席之地(图5.3)。

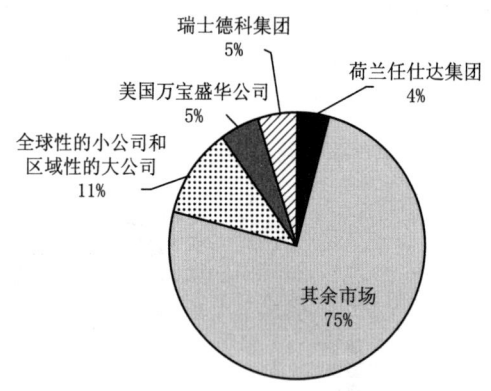

**图 5.3 全球人力资源企业市场占比**

在国外,开展灵活用工业务的服务商大多为传统人力资源企业,发展路径主要以并购和技术研发为主。例如,欧洲德科集团以资本化的并购为主要发展手段,美国ADP集团则是坚持走技术路线,从薪酬服务切入,后来发展为全球雇主云端人力资本管理(HCM)解决方案提供商,技术的杠杆使 ADP 市值一路上升到 2020 年的 600 亿美元。整体上,数字化和日益增长的复杂性市场将鼓励高度分散的行业进行有机整合。

### 三、业务模式

当前国内灵活用工业务模式可以概括为劳务派遣、业务外包、非全日制、平台型用工四级格局。

劳务派遣是指员工与劳务派遣公司签订劳动合同,然后由派遣公司将员工派遣至用工单位工作,用工单位直接管理的一种灵活用工业务模式。业务外包是指一种灵活的雇佣业务模型,公司将其部分或全部业务分包给外部专业机构,而承包商则指派员工完成相应的业务工作。非全日制是指员工平均每天工作不超过 4 小时、每周不超过 24 小时的一种用工模式,如非全时工、季节工、劳务承包工、劳务派遣工、家庭小时工等。平台型用工是以物流快递员、货运驾驶员、护工护理员、网约送餐员等为典型代表的灵活就业群体。随着互联网、高科技的快速发展,平台型用工灵活就业群体近年来不断发展壮大,目前已被上海市总工会纳入灵活就业基本保障群体。

可以看出,当前的灵活用工四级格局中,传统雇佣关系的灵活用工模式依然占据相当比重,新型灵活用工模式还未能完全取代传统模式。

## 第三节 改革用工模式

新型灵活用工模式是社会传统用工模式的改革。与传统灵活用工模式相比,新型灵工模式在生产关系、法律关系、业务模式、人力资源服务方案等方面做出了革新。

在生产关系上，在传统灵活用工模式下，劳资双方是一种劳动雇佣关系，而在新型灵活用工模式下，劳资双方是一种合作关系。

在法律关系上，传统灵活用工服务商雇用灵活就业人员需要遵循劳动合同法，比如劳务派遣服务商依法雇用劳务派遣合同工（物业、司机、工程师等），外包服务商雇佣外包人员（岗位外包、项目流程外包等），劳资双方需签订劳动合同。《劳动合同法》规定，非全日制用工的用工时间每天不能超过 4 小时，每周累计不能超过 24 小时。超过上述标准的，用人单位应当依法与劳动者建立正式劳动关系，不得订立非全日制用工劳动合同。另外，劳动报酬结算支付周期最长不得超过 15 日。由于新型灵活用工边界被打破，《劳动法》和《劳动合同法》已经无法满足新型灵活用工模式下多元的用工关系，灵活用工行业需要新型法律监管。

在业务模式上，传统灵活用工模式主要包括劳务派遣、外包和兼职招聘，管理和传统的劳动力管理一致，人群由固定员工变成灵活用工；交易类似于传统的薪酬支付，包含灵活就业人群的报酬结算和税收代征，但税收代征容易出现不合规情况。新型灵活用工模式主要包括依托平台的互联网众包服务、无服务商的自营劳动者、经纪公司签约人员。在互联网众包服务模式下，众包人员（如网约车司机、非专送外卖骑手、草根主播、知识分享者等）直接依附平台，依赖平台的特性而产生相应劳务。无服务商的自营劳动者（如独立律师、独立媒体人、独立设计师）也就是自我雇佣者，以个人身份或个体自营机构身份从事职业活动，不从属于其他任何平台。经纪公司签约人员（如网红主播、自媒体大 V、签约讲师）与经纪公司仅有行纪关系，不属于任何一种机构，可服务于多个用工方。

在人力资源服务方案方面，传统人力资源企业服务主要包含人力资源规划、招聘与配置、培训与开发、绩效管理、薪酬福利管理、劳动关系管理六大模块。在中国,灵活用工行业具有强人力资源属性,同时又包含新共享经济平台的服务形态。相对于传统人力资源服务商的六大模块,改变雇佣关系的灵活用工服务商针对灵活就业人群推出了新的服务方案,流程上分为供需对接、管理、交易和一站式服务四个阶段,两端连接 B 端企业和 C 端人群。根据需求出发点不同,又可把灵活用工服务商分为基于 B 端需求连接 C 端的 2B2C 类和基于 C 端需求连接 B 端的 2C2B 类。供需对接类似于传统的撮合招聘,在灵活用工行业中,表现为劳务派遣、外包、兼职招聘和众包;管理和传统的劳动力管理一致,人群由固定员工变成灵活用工;交易类似于传统的薪酬支付,包含灵活就业人群的报酬结算和税收代征,但税收代征容易出现不合规情况;一站式服务涵盖以上所有服务。

用工模式的改革为企业和劳动者均带来了福利的提升。调查显示,将使用新型灵活用工的岗位、工作或者人员,与传统模式的灵活用工效果相比,六成以上的企业认为,可以"降低企业成本",近四成企业认为"降低了管理工作量"和"缩减了招聘周期",三成以上企业认为"减少了职位空缺"和"提高了工作效率",仅有 6.23% 的企业认为同自有用工相比"增加了企业成本"。新型灵活用工模式解决了编制限制,大大降低企业的成本,有利于提高效益和效率。

淘工作是阿里巴巴旗下的一款针对淘宝商家的招聘需求与淘宝用户的求职需求设立的一个求职平台,它利用自身已有的商家以及客户流量,一方面对接商家,为商家的招聘提供平台;另一方面对接客户,为淘宝客户提供更方便的找工作渠道。淘工作平台已经成为电商行业一条免费便捷的网上人才通道。

## 第四节　新经济催生灵活用工新活力

### 一、经济新形势：企业发展精细化

#### 1. 人员编制限制企业活力

目前，尽管许多公司已经测试了灵活的就业模式，但它们还是通过外包在特殊时期完成生产和业务任务。但是，从本质上讲，传统的内部劳动关系是稳定的，固定劳动的概念是深刻的。对用人主体、用人单位和日常管理的综合考虑，导致企业的管理成本和人工成本较高；在全职工作系统，许多时间员工不努力工作，工资支付情况与实际工作时间不符，导致企业效率低下。

以房地产的人力资源管理为例。第一是出勤问题。房地产和服务业的雇员种类很多，轮班复杂，集中管理困难。第二是成本控制问题。房地产和服务业更多地参与人际关系管理，并且有很多影子员工。工作时间、效率和成本计算的收集并不令人满意。第三是合规问题。对于许多灵活的员工来说，如果公司不为他们支付社会保障，那将太麻烦了，以至于不清楚他们的申请程序。如果您在一家公司投保，除了要在人力资源部门占用大量精力和人力之外，还会因提炼和公平问题而引起纠纷，这增加了确认法律关系的复杂性。

#### 2. 间断需求增添用工成本

有的产业、行业的需求具有间断性、季节性等，但传统用工形式一般为全职，必要时以实习生等形式补充，这带来较高的成本，而灵活用工方式将大大降低企业成本。

国内许多行业，比如国内互联网、零售、传媒、制造业，存在周期性、季节性、临时性等特征，工作量的波动较多。传统雇佣方式解聘成本高，且扩招还会存在人员晋升的竞争更激烈，存在国企职工退休金和福利开支高企等现象。若使用实习生、临时工、劳务派遣员工，又会导致招聘成本问题、培训成本问题、合规问题、信息安全问题。

## 二、国家新政策：权益保障全面化

1. 限制人员派遣，提升企业用工风险

出于保护就业者和扩大就业人口考虑，国内政策正在逐渐推动劳务派遣向灵活用工模式优化。《劳务派遣暂行规定》第四条规定，用工单位应当严格控制劳务派遣用工数量，使用的被派遣劳动者数量不得超过其用工总量的10%。规定对劳务派遣的使用岗位也作出了明确的限制，规定用工单位只能在临时性、辅助性或者替代性的工作岗位上使用被派遣劳动者。临时性工作岗位是指存续时间不超过6个月的岗位；辅助性工作岗位是指为主营业务岗位提供服务的非主营业务岗位；替代性工作岗位是指用工单位的劳动者因脱产学习、休假等原因无法工作的一定期间内，可以由其他劳动者替代工作的岗位。用工单位违反《劳动合同法》有关劳务派遣在临时性、辅助性、替代性岗位用工规定或者超比例使用被派遣劳动者，依据《劳动合同法》第九十二条第二款有关规定，罚款后一个月内仍不改正的，在非临时性、辅助性、替代性岗位或者超比例使用的被派遣劳动者视为与用工单位建立劳动关系，用工单位应及时补订劳动合同，劳动合同起始时间自处罚之日起满一个月的次日计算。

在限定岗位以外使用劳务派遣工或者劳务派遣用工比例过高的企业只能通过转正派遣员工、将工作外包、精简部分岗位的方法来解决合规问题，这就导致了企业用工成本增加、利润空间减小、经营风险增大。

2. 鼓励企业用工多元化，降低失业率

在经济新常态发展大势下，国家提出了"稳就业"目标，千方百计保就业。灵活用工模式能够有效对接闲置劳动力和不适合传统用工模式的岗位，解决劳动力市场错配问题。2020年的新冠疫情也按下了灵活用工的"加速键"。疫情不仅培养了互联网行业工作者居家办公的习惯，越来越多的从业人员转变职业态度，打造个人品牌，加入自由职业者的行列前进，同时也让企业看到了灵活用工的必要性和技术上实现的可行性，启蒙企业使用灵活用工模式来规避风险、开源节流。再加上国家政策支持和相关法律法规的不断规范，可以预见灵活用工模式在未来将更加炙手可热。

2020年8月，中央领导在国务院常务会议中对灵活用工有关工作做出部署。部署的措施包括为劳动者居家就业，远程办公、兼职就业创造条件、将灵活就业岗位纳入公共就业服务范畴、对灵活就业人员提供政策性的福利等，种种措施旨在打破对灵活用工的不合理限制，促进灵活用工。

## 三、观念新转变：价值追求多元化

调研显示，劳动力人口总量中，90后占比最高，达2.12亿人，这些随着互联网发展而成长的一代，他们的工作诉求（图5.4）不再是金钱和物质，更多的是精神层面的满足：实现理想、展现个人能

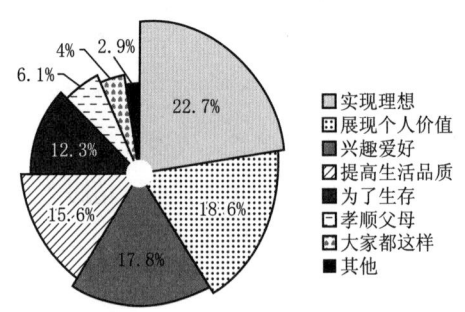

资料来源：问卷调研；案头研究；网络数据；上海劳勤。

**图 5.4 90 后就业意向占比**

力和兴趣爱好，占比高达59%。自古有得民心者得天下之说，企业要想受到90后劳动者的青睐，就必须作出改变，既要给员工稳定的物质生活保障，又要提供追求梦想、施展才华的舞台。新型灵活用工模式不仅能够提供更具弹性的工作时间，更是改变了传统的雇佣关系，生产关系由"企业—员工"转变为了"平台—个人"，这令劳动者享有更自由的工作选择和工作内容，有机会将工作和兴趣结合在一起，还有机会建立个人品牌，实现人生理想，与平台实现双赢。

## 第五节　灵活用工产业成长史

灵活用工前身是劳务派遣，起源于美国，在欧美普及率较高。后流传至日本并发展兴盛，目前日本为灵活用工最普遍的国家。CIETT调查数据显示，2017年美国灵活用工市场渗透率达到35%，日本灵活用工市场渗透率达到40%。

欧洲：灵活用工发展萌芽期在20世纪70年代至80年代，这个时期的欧洲出现了经济滞胀和大规模失业；为降低失业率，欧洲多国实行工资灵活化、工作时间灵活化和放松就业保护等，改善劳动力市场僵化，恢复劳动力市场灵活性，用以降低欧洲国家的失业率。但随着后续政策对灵活用工由行业到工作市场逐步开放限制，催化了欧洲灵活用工行业在1970—2012年长达40年的发展期。

日本：灵活用工快速发展时期为1986—2007年。日本在"二战"后大多数企业员工为终身制，在一定程度上抑制了企业和劳动力市场的灵活性。至1985年，政府颁布了《人才派遣法》首次对灵活用工的就业体制在法律上进行了局部合法化，并在1999年颁布了《国际劳工组织第181号公约》首次对灵活用工进行了全合法化，再到2004年颁布了《制造业劳务派遣解禁》。这三次政策开放深刻影响了灵活用工在日本的发展，并直接促进了该行业的繁荣，催生出了 Recruit 和 Persol 等灵活用工龙头企业。

美国：灵活用工快速发展时期主要在 1970—1990 年。20 世纪 70 年代是市场主导的初始阶段。失业率高企，固定工资增长速度不及通货膨胀增长，人们开始将目光转向更为灵活变通的灵工方式以获取更满意的报酬。80 年代，政府逐渐认识到灵活用工行业不再只是一个"减震器"，可以在重组经济中持续发挥作用，完善相应的法律法规，进一步指导精神劳动市场的规范发展，为 90 年代精神劳动产业的爆炸性增长提供制度保障。90 年代，美国制造业和服务业反弹复苏，劳动力资源自由化的思想逐渐在蓝领、白领阶层中散开，商业客户也逐渐意识到灵活用工服务的重要战略意义，美国灵活用工行业迎来了爆炸式增长时期。

中国灵活用工市场目前处于起步阶段，灵活用工只占到人力资源行业的 9%，其中 8% 为劳务派遣。目前，灵活用工在中国的渗透率也在不断提高，但仍不足日本的 1/4，拥有较大人口规模和产业需求的中国将在未来迎来灵活用工行业的爆发。

灵活用工的典型平台有"51 社保""好活""众薪""优税猫""米仓科技"等，这些平台运用互联网技术存储大数据，掌握劳动力供给方和需求方的关于工作的全部信息，力求解决就业人员信息化管理不足的问题，拥抱互联网，低成本高效率，重构人力资源管理新模式，打破时空地域局限，实现信息传播、交流、共用、共享。

## 第六节　深层需求决定广阔未来

目前的统计数据口径基本将灵活用工定义为包含传统灵工模式的广义灵活用工，因此本节数据均为广义灵活用工规模数据。测算结果显示，2016—2019 年国内灵活用工市场发展较快，2019 年国内市场规模 4 787.69 亿元，年均复合增长率达 45%。在新冠疫情影响和政策推动下，国内市场灵活用工需求持续上升，预计 2020 年国内灵活用工市场规模约 7 258.2 亿元，灵活用工市场渗透率为 8.24%。从渗透率上看，与美国的 35%、日本的 40% 相比，我国灵活用工市场发展空间仍然十分广阔（图 5.5）。

资料来源：亿欧智库根据国内外代表企业营收、国家统计局、人社部、HRroof 等数据和企业业务收费逻辑测算而得。

**图 5.5　中国灵活用工市场规律与渗透率**

但由于市场竞争加剧以及行业马太效应的出现，2020 年之后灵活用工市场规模在上升的同时，年均复合增长率开始放缓，2020 年到 2022 年预计年均复合增长率为 30%，2022 年的市场规模将达到 12 246.95 亿元。

在未来，服务专业化、头部集中化、技术创新化将是我国灵活用工行业的三大趋势。

趋势一：前端灵工顾问专业化+中后端职能部门高效化。截至目前，受益国内灵活用工行业高增长红利，已有三家标的陆续登陆资本市场，且三者未来战略均较为一致，行业竞争或更加激烈。从 B 端客户对供应商的服务水平及推荐速度与质量的筛选标准出发，能进一步实现灵活用工顾问的专业化细分、中后台流程精细化布局和管理将成为企业内部发展趋势。

趋势二：头部效应强化，龙头凭借优质服务和人效将挤占更大份额。灵活用工行业竞争激烈，小型灵活用工提供商将因为有限的招聘能力或者较低的人效，从而退出市场或被大企业并购。龙头企业则在先发优势+资本优势+规模效应下，与大客户的市占率和黏性有望进一步提升。国内灵活用工行业龙头（按收入计算）市占率仅2.5%，海外单一龙头市占率则可至9%，行业内大吃小的格局在未来3～5年内或将成为主流现象（图5.6）。

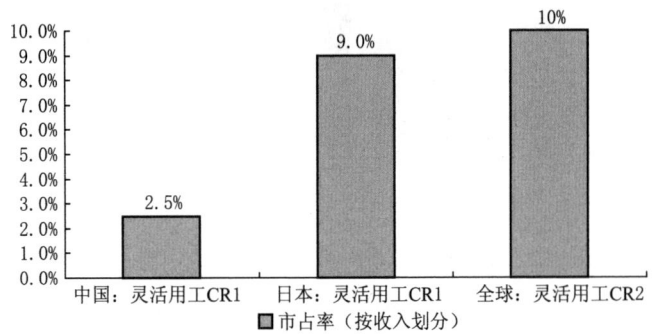

**图5.6　灵活用工市场占比**

趋势三：技术创新推动招聘方法迭代更新，高人效和更大自有渠道人才获取为布局重点。传统模式上，灵活用工供应商通常用电话、邮件、短信等联系候选人，以及向第三方购买候选人库等扩大人才储备，弊端则是较高的成本以及效率和准确度不足。为了招聘效率，龙头企业通过搭建自有技术O2O平台吸引C端候选人、内部作业和员工管理系统提高整体效率已成为龙头企业的一致布局重点，未来在技术赋能效果下，技术领先的龙头企业与中小企业的优势或进一步拉大。

# 第六章　职业教育培训新业务拓展

## 第一节　职业培训完善行业内涵

教育现代化是中国教育改革的重要主题，是优先发展教育的理想追求和不竭动力。改革开放以来，中国的教育现代化在探索中奋进，政策设计和行动实践都取得了显著成效。党的十九大指出中国特色社会主义进入新时代，社会主要矛盾发生变化，经济处于向高质量发展转变阶段，现代化建设面临更加复杂严峻的挑战。尤其是伴随着人工智能影响由价值传递环节向价值创造环节的渗透，传统产业结构正经历着深度改造，经济社会的发展由创新驱动赋能。在生产系统中，技术技能人才的工作模式也发生了变化。劳动就业领域发生迭代，规则性体能劳动和规则性智能劳动逐渐被人工智能取代，引发"技术性失业"，社会对智能型、复合型和创新型人才的需求日趋迫切。在用工模式上，传统雇佣性质的用工模式的弊端在全新的时代发展下暴露无遗,灵活用工逐渐取代传统用工成为主流用工模式,劳动者需要技术培训来满足灵活用工体系下的用工需要。归根结底,贯穿始终的逻辑正是国家现代化离不开教育现代化的支撑和引领。职业教育作为与经济社会发展和人的发展密切相关的教育类型,既能通过技能积累、教育普及和技术创新服务助力国家实现现代化,又能通过职业体验、技能传承和价值传递助推"人"的现代化。因此,对标2035年国家现代化要求,推进职业教育现代化改革势在必行。

## 一、职业培训是培养适应现代化建设专门人才和高素质劳动者的基本力量

我国是世界制造业大国,长期以来,依靠自然资源低成本优势,制造业行业一直处于领先地位。但是进入21世纪以来,全球市场需求个性化、多样化趋势更加明显,制造业面临全球化、多样化、个性化需求的挑战,制胜的法宝不再限于规模和成本控制,制造业需要进行颠覆性变革发展。现代化产业发展迫切需要一大批接受过职业训练且拥有一定职业技能的劳动者。学校教育不再能满足产业发展的需要。因此,社会教育资源需要冲破壁垒,为推进工业化的进程服务、为时代服务。基于此,可以说,职业教育从产生的那一刻起就是一种植根于大众、改善民众生活状况的教育。社会发展既离不开精英的引领,也离不开亿万高素质劳动者的努力。

过去我们片面强调"高、精、尖"人才的培养,而忽视技能型、实用性人才的培养,致使"僧多粥少"与"求贤若渴"的矛盾长期存在。我国职业教育起步晚且步履蹒跚,在一段时间内又没有得到足够的重视,造成了产业工人队伍素质偏低、企业发展阻碍重重,这在客观上也影响了民生状况的改善。教育作为民生之基对改善民生具有强劲的影响力。与基础教育相比,职业教育的培养目标

有其自身的特点,它通过对劳动力直接输入与职业相关的知识与技能,进而提高劳动力水平,培养高素质人才,适应现代化产业发展。同时使社会的人力资源结构更趋合理,这将在客观上缓解社会矛盾、改善众多劳动者的生活条件,保持社会稳定。

## 二、职业培训是为新兴行业提供劳动力供给和促进行业发展的必由之路

职业培训的根本目的是为行业提供高质量劳动力,因此中国职业教育现代化改革要结合市场需求不断精准职业教育和培训服务的供给,打破"就业难"的窘境。调查显示,2017年前10个月,中国人工智能型人才需求量已达到2015年的5.3倍,缺口在100万人以上。当前,全球范围内正在掀起新一轮科技革命,将进一步释放历次科技革命和产业革命积蓄的巨大能量,并通过推动技术进步、效率提升和组织变革重塑产业结构和生产系统,使社会更加需要具备跨专业技能、跨行业技术、跨产业意识的复合型人才。2020年5月,人社部联合多部门发布了9种新职业:区块链工程技术人员、城市管理网格员、互联网营销师、信息安全测试员、区块链应用操作员、在线学习服务师、社群健康助理员、老年人能力评估师、增材制造设备操作员等。另外,传统行业因为技术发展、转型升级等各种原因,很多劳动力被智能机器代替,不少基层员工因为技术水平较低而缺乏竞争优势被迫失业,传统的教育与工作方式使他们很难在新兴产业快速发展的情况下再次找到工作。针对此,职业教育根据市场需求不断优化专业结构,淘汰落后专业,孵化新兴专业,培育复合型专业,打造优势专业,提升专业与产业的对接度,增强职业教育与区域产业联动发展的耦合度,缓解劳动力结构性失业。同时,职业教育还要根据国家战略发展需要灵活调整人才培养方案。不同的国家战略需要不同的职业和群体来支撑,如"乡

村振兴"战略需要新型职业农民,精准扶贫和城镇化建设要求培养新市民等。职业教育要根据具体的职业标准相应调整教育内容和教育标准,以增强精准化的服务能力。

综上所述,职业培训是在产业发展新阶段下的必要步骤,它是提升国家劳动力技术水平和竞争优势以适应新兴职业快速发展、培训复合型人才的关键所在。

### 三、职业培训为灵活用工产业快速发展提供保障

共享员工模式作为共享经济和零工经济的结合体,其本质上是灵活用工模式的一种创新形态。

社会化就业是一种灵活的就业方式,其中个人不与企业及其关联组织建立雇佣/劳动关系,而组织直接与个人建立合作关系。双方遵循"共同承担风险,共同受益"的原则,建立平等的商业合同合作关系。如社交电商行业店主与平台的关系,共享出行行业司机与平台的关系。社会化用工是灵活用工中最新兴的一种形态,是真正实现全民合作的一种形态。社会化用工不是对企业劳动用工不足的一种补充,而是当下企业快速指数级增长的一种重要用工方式。

在新形态下,灵活用工快速发展是各个行业发展的必然结果。这种就业形式解决了设立限制,大大降低了用人单位的成本,有利于提高工作效率,可以有效避免因劳动不确定性带来的各种风险。而且工资福利、税费缴纳统统由劳务机构代劳,省去了企业的时间与精力。此外,在用人过程中能够发现符合公司发展的高技术型人才,可以将他纳为企业的长期员工,从而实现了企业人力资源的再续。

然而,灵活用工的前提是社会劳动力有技术有能力为各个用人单位工作,这时就突出了职业培训的必要性。职业培训的是灵活用工顺利发展的必要因素,劳动者只有具备相应的技术水平,才能够

在激烈的竞争中取得为职业工作的资格，职业培训可以根据社会发展需要提供相应的培训服务，同时向信息闭塞的劳动者介绍行业发展，提醒劳动者提升自身能力的必要性；而员工可以根据自身需要自由选择适合自身发展的技能培训，这样既提升了劳动力的技术水平，满足其职业发展的需要，又帮助企业解决了用工难、成本高、风险大的问题，降低社会失业率，为行业快速发展提供有效的解决办法。

因此，职业培训的兴起是社会快速发展的必然要求，是促进社会就业、行业生产力提升的必要保障，其提供的技能服务可以使得新兴行业的劳动力得以充分的供给，促进行业发展，为行业发展提供高素质劳动力支撑，同时也向灵活用工产业提出培训需求。劳动力是社会发展的前提，而职业培训可以促进劳动力的就业率，一定程度上满足其职业发展所需，因此是保障社会稳定，促进国民经济发展的关键。

米仓科技的"AI+灵活用工"，以及用互联网技术存储人力资源等方式，在一定程度上弥补了职业培训不足，通过合适的培训路径推动了职业培训跟上劳动力在不同产业间转移的节奏。

## 第二节 "1+X"国家职业教育改革大潮

以"职教 20 条"和 2035 年国家现代化目标为指引，中国职业教育现代化改革蓝图已经跃然纸上，但改革目标的实现依然任重道远。当前，面对新时代外部环境的深刻变化，中国职业教育现代化改革还存在诸多矛盾：人工智能在社会各领域的深入渗透与职业教育信息化水平不高的矛盾；人民对优质职业教育资源的需要与职业教育发展不平衡不充分的矛盾；提高社会治理现代化水平的要求与职业教育现代化治理体系不完善的矛盾等。因此，新时代中国职业教育的现代化改革要审时度势，以教育信息化为牵引，超前打造职业教育现代化生态；以供给侧适需改革为支撑，深度对接国家现代化建设需求；以多方协同治理为保障，协同驱动职业教育内涵式发展。

## 一、教育信息化支撑牵引，超前打造职业教育现代化生态

"以教育信息化推动教育现代化"是 21 世纪以来中国教育改革发展的战略选择。2018 年《教育信息化 2.0 行动计划》再次提出"将教育信息化作为教育系统性变革的内生力量，支撑引领教育现代化发展"。因此，推进中国职业教育现代化改革，必须充分发挥教育信息化的引领作用。"职教 20 条"专门提出要"适应'互联网＋职业教育'发展需求，运用现代信息技术改进教学方式方法，推进虚拟工厂等网络学习空间建设和普遍应用"，这为职业教育现代化改革提供了实践方案。近年来，在"网络学习空间人人通"工程的持续推动下，我国职业教育信息化实现了跨越式发展，但在总体上，技术只是作为工具和手段"移植"到职业教育领域，依然是职业教育发展的外生变量。这在一定程度上导致职业教育信息化应用水平不高、创新能力欠缺、服务能力不足，无法有力推动和引领中国职业教育现代化改革的进程。因此，职业教育现代化建设必须重新定位信息技术的角色和作用，使其由浅表结合应用走向深度融合创新，真正赋能职业教育发展，促进职业教育在教学环境、教学资源、教学决策等方面实现系统性和整体性变革。

1. 利用现代信息技术创设智慧化职业教育学习空间，助力真实学习和终身学习

基于智慧教育理念，职业教育现代化改革应将新一代信息技术赋能于物理学习空间和网络学习空间中，并增强空间中各要素的交互，为学习者终身学习提供机会与体验。同时，职业院校要通过借

助虚拟仿真技术、增强现实技术、交互技术和可视化技术等，创设基于工作过程的真实学习环境，如虚拟工厂、虚拟车间、仿真实验平台、模拟实训场景、3D数字工厂等，为学生活学活用知识营造具有真实感、沉浸感的认知情境，增强"空间教育力"和"学习场所感"，刺激学生进行有意义的知识和技能学习，不断提高职业教育质量。

2. 依托"互联网＋"平台建设，共建共享优质职业教育资源，提升现代职业教育的开放性

职业教育现代化建设要基于人工智能、物联网、大数据和5G通信等新兴技术，以专业群建设为契机，整合不同职业院校优质资源、行业企业资源和区域社会资源等，并通过对办学过程的数据挖掘生成个性化资源，进而打造辐射区域内外的职业教育资源库，为更多学习者开展学习和培训提供优质和多元化的知识服务，逐步解决职业教育发展中的公平和均衡问题。

3. 借助大数据技术开展"循证型"教学决策，增进教学效率、效能与效果，办成人民满意的职业教育

在大数据时代，云计算、云储存、传感器和学习分析等技术广泛进入教育领域，能够实时监测和全域无损采集真实自然状态下教师教与学生学过程中的行为数据，并通过建模归纳分析教育大数据背后隐藏的多元价值。为此，职业教育现代化改革要充分利用大数据开展教学决策，一方面，"让数据发声"，以"数据"创生教学，引发职业教育教学从预设走向生成，实现教学效能的增强；另一方面，借助大数据将职业教育发展情况的反馈由教育决策者扩大到教育利益相关者，从而使多元利益主体能够基于不同立场参与"循证型"决策，以消除决策中的主观性和不确定性，驱动职业教育提供精准化学习服务。

## 二、开展供给侧适需改革，深度对接国家现代化建设需求

供给侧改革是指用改革的方法调整结构并进行优化，促进要素重组与创新，增强供给结构应对需求变化的适应性和灵活性，从而从供给端改善质量，扩大有效供给，释放活力。职业教育供给侧改革既由产业转型升级引发，又受自身现代化改革推动，是提升职业教育质量、实现内涵式发展不可或缺的步骤。长期以来，中国的职业教育被看作"低等次"的教育，其主要参照和模仿普通教育办学模式，与工作领域联系不足。这造成结构性矛盾突出，主要体现为职业教育低端供给过剩导致"就业难"与高端供给不足导致"技工荒"。随着职业教育打破"低等次"教育定位，实现"类型"身份的转变，其不能再简单地借鉴他国发展经验或直接移植普通教育的课程教学，而必须面向中国国情和国家发展战略规划，迎合产业结构转型升级需要和劳动力市场需求，全方面开诊供给侧结构性改革，办出符合中国国情、具有中国特色的现代职业教育，以更有效、更有力地支撑国家现代化进程。

首先，中国职业教育现代化改革要结合市场需求不断精准职业教育和培训服务的供给，打破"就业难"的窘境。当前，新一轮的科学技术革命正在世界范围内掀起，这将进一步释放以前的科学技术革命和工业革命积累的巨大能量，并通过促进技术进步、提高效率重塑产业结构和生产体系的改进和组织变革，使社会更加需要具备跨专业技能、跨行业技术、跨产业意识的复合型人才。针对此，职业教育需要在市场需求的前提下优化专业结构，淘汰落后专业，孵化新兴专业，培育复合型专业，打造优势专业，提升专业与产业的对接度，增强职业教育。

与区域产业联动发展的耦合度，缓解劳动力结构性失业。同时，根据国家战略发展的需要，职业教育还要灵活调整人才培养方案。不同的国家战略需要不同的职业和群体来支撑，如"乡村振

兴"战略需要新型职业农民，精准扶贫和城镇化建设要求培养新市民等。职业教育要根据具体的职业标准相应调整教育内容和教育标准，以增强精准化的服务能力。

其次，职业教育现代化改革还要打通教育内部壁垒，提升职业教育的跃升功能。《2018 年中国大学生就业报告》显示，2017 届高职高专毕业生毕业半年后的就业率为 92.1%，超过了普通高等教育，中职毕业生就业率也常年稳居在 95% 以上。但高就业率背后隐藏着显著的质量差距。

2018 年我国应届本科生就业平均起薪为 5 044 元，高职高专毕业生为 4 016 元，而中职毕业生不到 3 000 元。这表明职业教育在支撑个体实现可持续发展和阶层跃升中相对乏力，人才供给质量不容乐观。为此，职业教育现代化改革要重点构建横向融通、纵向贯通的现代职业教育体系，让个体不仅能够在不同教育类型间自由转换，还要能获得接受本科和研究生层次职业教育的机会，从而在主要劳动力市场中实现更高层次的就业和更广阔的发展可能。

### 三、多方协商式精准治理，驱动职业教育内涵式发展

职业教育现代化治理是国家推进治理体系和治理能力现代化在职业教育领域的具体体现，也是实现职业教育现代化的重要保障。当下，我国的职业教育治理仍然面临着政府失灵、资源配置不足、片面工具价值导向、制度供给缺失等现实困境。要真正突破困境，推动职业教育提质增效、释放活力，为新时代经济结构转型升级增添新动能，职业教育就必须增强现代化治理能力。

首先，我国要加快健全完善职业教育法律体系，以法治思维提升职业教育治理能力，实现职业教育治理法治化。《职业教育法》立法内容较笼统且操作性不强，相关条款修订滞后等，导致部分职业教育治理行为缺少合法性支撑，制约了治理效率和削弱了治理权

威。为此,我国要加快修订《职业教育法》及其他相关法律法规,进一步规范地方立法,加强职业教育制度体系的顶层设计,为职业教育现代化治理提供坚实的后盾。

其次,我国要建立职业院校、政府、行业企业、社会组织合作的职业教育治理网状结构,推动职业教育治理主体从单一集权向多元分权转型,对职业教育治理系统实现民主化重构。推进国家治理能力现代化的核心在于建立多元参与的社会治理模式,充分发挥市场和社会组织在资源配置中的重要作用,形成政府与市场相互协调、相互促进的治理格局。落实到职业教育领域,意味着我国要建立政府、院校、行业企业协同联动的多中心治理模式,使多元利益主体能够基于平等协商共同治理,从而避免"单中心化"和"泛行政化"引发的治理失灵。具体而言,一方面,我国要赋予职业院校一定的办学自主权以激发其办学活力,使职业院校在经费使用、教职员工聘任与管理、学生招生录取、专业课程设置等方面进行自我管理,同时优化职业院校内部治理结构,形成学校管理者、教师、学生、家长共同参与的内部治理机制,形成治理合力。另一方面,职业教育现代化治理要面向社会,推动行业企业等相关利益主体的深度参与。在职业院校创新职业教育人才培养模式的过程中,行业组织作为连接学校与企业的桥梁,应发挥行业需求风向标的作用,推动职业教育教学过程与生产过程对接、教学标准与职业标准对接;企业要加强与职业院校的深度合作,共建共享优质职业教育资源,实现双主体协同育人,促进职业教育质量的跨越式提升。

在产教融合方面,职业学校根据所设专业,积极开办专业产业,把产业与教学密切结合,相互支持、相互促进,把学校办成集人才培养、科学研究、科技服务为一体的产业性经营实体,形成学校与企业浑然一体的办学模式。

在区块链方面的产教融合,教育部公布了 2019 年度普通高等学校本科专业备案和审批结果,成都信息工程大学申报的"区块链工程(080917T)"获批 2019 年新增审批专业,是全国首个"区块链工程"本科专业。

最后,在高校教育尚需完善之际,部分企业则肩负起区块链人才培养的重任。以"蚂蚁区块链—全球高校×合作计划"为例,该计划将面向未来 20 年成立技术团队,围绕区块链的核心技术如分布式账本、非对称加密、共识机制等投入研发。

## 第三节 职业培训的政策与社会红利

### 一、职业培训相关政策

目前新的职业培训政策在职业培训对象及内容、培训实施机构、培训补贴方式、培训工作要求方面均做出明确规定(表 6.1)。

表 6.1 职业培训相关政策

| 培训对象及内容 | 对象:持《再就业优惠证》人员、城镇其他登记失业人员、进城务工的农村劳动者等<br>内容:对其需要的职业技能进行定点培训 |
| --- | --- |
| 培训实施机构 | 一是人民团体及社会职业培训机构<br>二是社会认可的教育培训机构<br>三是定点机构认定的培训机构<br>四是公共实训基地 |
| 培训补贴方式 | 一是个人报销补贴和定点机构补贴并存<br>二是培训优惠券<br>三是地方财政补贴 |
| 培训工作要求 | 一是制订年度就业再就业培训计划<br>二是制定考核培训质量和就业效果的标准<br>三是建立奖惩制度 |

## 二、职业培训类型

职业培训种类包括技能培训、劳动预备制度培训、再就业培训和企业职工培训，依据职业技能标准，培训的层次分为初级、中级、高级职业培训和其他适应性培训。

技能培训主要是一些国家机构或者社会培训机构开展的，针对需要提升个人技术与技能的劳动者提供的培训服务。通常这种培训之后，劳动者可以参加某种官方考试，通过后可以得到一个比较高级的职业资格证书。社会培训机构的费用较为昂贵，比较适合中高端人群。

劳动预备制度的培训是国家建立和实施的一种新型培训，旨在提高青年劳动者的素质，训练劳动力储备力量，促进青年劳动者的就业。主要对象是无法在城市继续接受教育的初中和高中毕业生，以及无法在农村继续接受教育并准备从事非农业工作的初中和高中毕业生。主要内容是职业技术培训，通常进行1~3年的职业培训和职业教育，使其取得相应的职业资格或掌握一定的职业技能后，在国家政策的指导和帮助下，通过劳动力市场实现就业。

再就业培训是指失业或下岗后具有工作经验的员工所必需的职业指导、职业技能、职业道德和专业纪律培训。再就业培训是帮助工人提高再就业能力，尽快实现再就业的重要措施。

企业培训是指企业为提高企业人员素质水平、能力水平、工作水平而进行的有计划的、系统性的培训活动。目的是提高员工的技能水平和工作效率、工作态度和工作价值观，从而最大限度地发挥潜力，提高个人和组织绩效，促进组织和个人的持续进步，并实现组织和个人的双重发展。企业培训是促进企业持续发展的重要手段之一。市场上企业培训的常见形式包括企业内部培训、企业公共课程和在线远程教学。

### 三、职业培训社会红利

职业教育为区域经济和文化的发展培养了新的力量。我国面积广阔，地区之间的经济差异非常大。中西部地区经济落后于东部，农村地区经济落后于城市。为了解决各地区教育和就业机会不均的问题，有必要大力发展职业教育。职业教育可以为特定领域提供更多实用的继续教育服务，以最大限度地提高社会效益；职业教育机构可以根据区域经济发展的需要灵活调整教育服务的内容，使其在最短时间内更容易实现区域人力资源和供应结构的动态平衡，促进区域协调发展经济。可以说，经济和社会发展的转变以及产业结构的调整和升级离不开职业教育的支持。

职业教育是众多专业技术人才的培养基地。制造业是我国经济的基础。目前，我国的经济总量居世界第二，"中国制造"遍布世界各地。但是，我们还应该看到，中国制造业仍处于全球产业链的中低端，自主创新能力薄弱，产品附加值低，缺乏具有核心技术竞争力的自主品牌和知名产品。在复杂多变的国际形势下，已经是制造业大国的中国如何转型升级，在国际竞争中达到更高的水平？我们必须从"中国制造"跃向"中国创造"和"中国智造"。"中国创造"和"中国智造"的核心是人才，包括亿万高素质的工人和熟练的人才，实现这一需求的关键在于职业教育。但是，在当前经济增长速度转变、结构调整和动能转化的背景下，职业教育与实现制造业由大到强转变的新需求之间仍然存在较大差距。我们必须将职业技能的提高与职业素养的培养结合起来。我们不仅必须围绕技术进步，生产方法的变化，社会和公共服务的要求以及减轻贫困的需要培养大量技术工人，而且还应使受过教育的人牢固树立奉献精神和可信赖感，让成千上万具有强大动手能力和服务能力的人才进入劳动力队伍，使"中国制造"越来越快地成为"中国创造"和"中国智造"，并为中国服务创造新势能，再上新台阶。

从目前职业培训的结果来看，职业培训的效益远大于其经济成本，以 2005 年为例，2005 年全年培训 51 万人，其中 47 万人培训合格，13 万人培训后创办了企业，16 万人实现了自谋职业，11.5 万人实现雇佣就业，新创造就业岗位 90 万个，培训合格率 92%，创业成功率 61.7%。职业培训在经济效益上为失业者提供了经济来源，为国家创造了经济收入；在社会效益上，职业培训为社会失业者提供了诸多再就业的机会，缓解了社会失业与就业压力；在政治效益上，提高就业率保障了社会稳定，有效促进社会良好健康发展。

在新形势下，老一代劳动者失业问题亟待解决，新一代应届毕业生就业压力大，与此同时，国家存在很多岗位的人才缺口问题，社会结构性失业问题极其严峻。学校教育未能满足社会就业的需要，还滞后于当前灵活用工模式的发展。唯有实行职业培训，提升劳动者的技能水平，创造高素质劳动力，满足企业越来越多的灵活用工要求，使其适应社会发展的需要，才能从根本上解决结构性失业这一问题。同时社会劳动力整体素质的提高，有利于促进新兴产业以及高科技产业发展，助力国家供给侧改革与产业转型升级，提升社会生产力水平与国家经济发展。

# 第七章　如何成为灵活用工者？

## 第一节　什么是灵活用工者？

前文提到，广义的灵活用工是指企业按照需求随时使用、停止的一种人力资源模式，包括劳务派遣、业务外包、非全日制、平台型用工等形式。而狭义的灵活用工是从传统灵活用工模式中发展出来的一种新型灵活用工模式，关键区别在于劳企之间的生产关系由雇佣关系转变为了合作关系。在这种灵活用工的定义下，灵活用工者专指没有与其他企业建立雇佣关系，以商业合作方式服务于用工方的劳动者。

灵活用工者主要包括依托平台的互联网众包服务、无服务商的自营劳动者、经纪公司签约人员等。在互联网众包服务模式下，众包人员（如网约车司机、非专送外卖骑手、草根主播、知识分享者等）直接依附平台，依赖平台的特性而产生相应劳务。无服务商的自营劳动者（如独立律师、独立媒体人、独立设计师）也就是自我雇佣者，以个人身份或个体自营机构身份从事职业活动，不从属于其他任何平台。经纪公司签约人员（如网红主播、自媒体大V、签约讲师）与经纪公司仅有行纪关系，不属于任何一种机构，可服务于多个用工方。

以职链平台为例，平台利用区块链公开透明、不可篡改等特性，鼓励发展共享员工等灵活就业新模式，充分发挥共享经济的优势，以劳动需求方与劳动供给方分别在平台上签约并匹配的形式，将劳动力市场的制度安排完善，合理定价，缓解了就业压力。预计未来还会凭借着新的技术革命不断创新，以新的形式为国家出力。

## 第二节　灵活用工者的能力需求

### 一、关键精力

要成为灵活用工者，从程序上看是十分简单的。目前互联网众包服务的进入门槛较低，只要完成选择好平台，完成相应的注册审核程序，就能与互联网平台建立合作关系，后续即可展开相应的业务活动。

成为灵活用工者之后，不同种类的灵活用工者在薪资、职业发展上存在着差异。根据2016～2017年我国灵活用工薪资水平和工时数据，可对不同类型灵活用工者的薪资、工作时间进行对比（图7.1）。

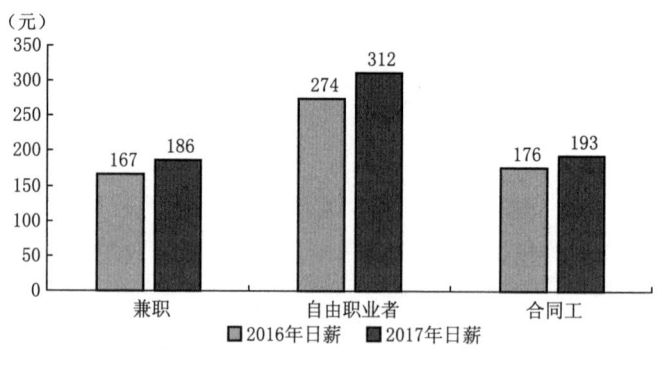

图 7.1　薪资对比

从薪资上看,我国灵活用工种类中,自由职业者以技能型服务类日薪为主,比其他类别的日薪高,日薪达到了300元。大部分偏向体力劳动的合同工以及兼职岗位,日薪水平差不多(图7.2)。

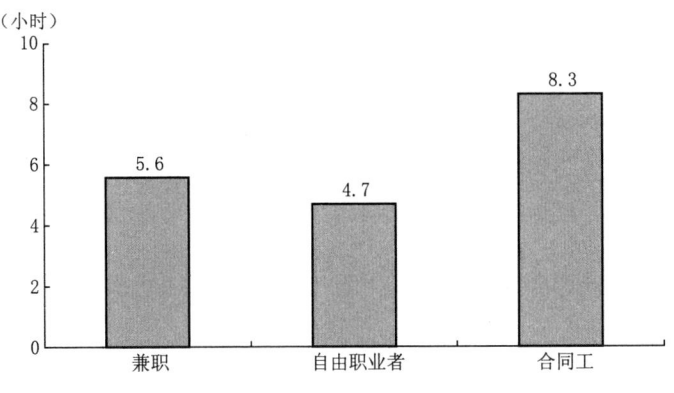

图 7.2 工作时长对比

从工时上看,大部分自由职业者工作时间都是自由的,自由水平比较高,平均工时也是最低的。合同工虽也属于灵活用工,但在工作时长上受合同约束,与全职员工工作时长相同,只是天数上更为灵活。因兼职岗位种类的多样性,平均时长也比一般全职员工8个小时要少得多,因此兼职的性质则介于两者之间。

可以看出,自由职业者在不同的用工种类中工时最短、收入最高,是灵活用工者最理想的职业发展赛道。但根据2017年我国灵活用工人员学历分布来看,由于自由职业者对技能的要求较高,进入门槛较高,从而自由职业者的人均教育水平较高。同时,通过专业技能出口的自由职业者很少,包括专业技术人员、免费驾驶员等。因此,高职和中等职业学校的比例不低;在合同工中,大部分岗位是基础劳务输出岗位和基层脑力劳动岗位,因此学历不高。兼职群体的本科或大专学历比重较大,主要是因为兼职支持群体是大学生,所以在整个教育背景下,兼职教育相对于自由职业者学历更高（图7.3）。

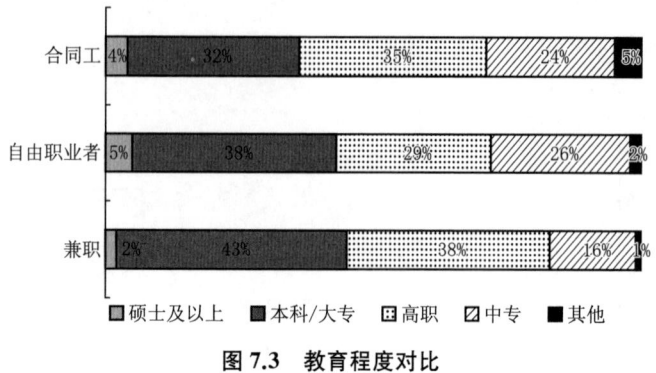

图 7.3　教育程度对比

从工作内容上看，自由职业者的工作内容往往具有较强的专业性，且需要依托于一定的个人职业口碑。可见，要真正适应新型灵活用工模式，就要挖掘属于自己的"护城河"，建立个人品牌，在行业内树立口碑，这样才能够与平台建立长期、稳定的合作关系，并且在合作中拥有更多的议价能力。

## 二、成长历程

对企业来说，从传统用工模式转向灵活用工模式的过程往往是随着用人需求的波动而发生的。在用工旺季，企业需要多雇用员工，在用工淡季，部分劳动力就会被闲置。这个过程中会产生一定的招聘、培训成本，也增加了企业的用工负担。在新型灵活用工模式下，企业能够以很低的成本灵活地获取劳力。例如，对于外卖平台来说，如果聘用专送外卖骑手，就需要支付固定的底薪、五险一金等，如果选择与众包外卖骑手合作，则只需要每单支付一定的保险金，这就将部分订单较少导致利润下降的风险转嫁给了众包外卖骑手。

对于劳动者来说，从传统用工模式转向灵活用工模式的过程一部分是随着企业的用人需求的改变而被动地发生的,一部分是出于劳动者的个人需要主动地发生的。对于前者而言,平台为了降本增利,选择了新型灵活用工模式,那么劳动者要想获得这部分工作岗位,只能顺应平台需求,成为灵活用工者。对于后者而言,劳动者的个人需要发生改变,可能是劳动者在业内树立了良好的个人口碑,建立了个人品牌而发生的,产生了将个人品牌变现的需要,也可能是劳动者希望能够更灵活地调配自己的工作时间,或者劳动者希望能够同时服务于多家用人企业。对于这部分劳动者来说,成为灵活用工者是他们主动的职业选择。比起直接接受企业的雇佣,领取企业发放的薪酬相比,灵活用工者是与企业合作共同完成项目,可以直接从项目进项中分割利润,可以利用自己的不可替代性在议价过程中争取更大的利润份额,是一种更高风险,同时伴随着更高回报的模式。

### 三、知识技能

由于在灵活用工模式中,劳动者与企业是商业合作的关系,劳动者实际上可以视作一家微型的个人企业,需要自己承担一定的经营风险,比如行情不好时接不到单等。因此,灵活用工者需要更敏锐的市场嗅觉,准确地辨别出市场上真正短缺的劳动力资源,结合自身职业兴趣和个人优势,并在这方面培养自己的能力,深耕专业,建立"护城河"。

目前,我国大学生就业难问题日趋严重,劳动力市场供需严重错配,但国家仍然短缺一大批专业技术人才,如高级技工等。因此,对尚未拥有专长的灵活用工者来说,通过职业教育将自己的技能培训成为与生产相匹配的水平,是实现自身效益最大化的优先选项。

### 四、胜任力潜能

当一名灵活用工者建立了个人的品牌之后，由于自主性强、专业性强、机动性强的特点，他能够为企业提供专业的（企业现有雇员无法胜任）、灵活的（往往只是一个项目，不产生长期雇佣关系）、团队化的（灵活用工者可以根据需要组建团队，以便自己专注于核心领域）劳务。

在这方面，灵活用工模式做得较为成功的行业有特殊技术工种工人、独立律师、独立媒体人、独立设计师、明星个人工作室、网红主播、自媒体大V、签约讲师等。

## 第三节 未来期望

随着灵活用工平台不断的发展壮大，灵活用工变革的深入，可以预想到，在不久的将来，灵活用工模式会渗透到越来越多的行业中，催生出更多的新型岗位（图7.4）。

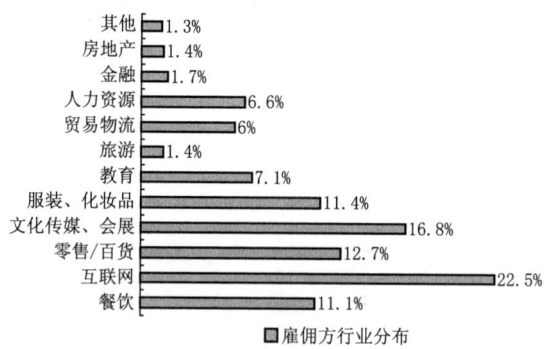

**图7.4 行业分布**

根据灵活用工人员目前在不同行业中的分布，可以看到，在灵活用工中，互联网行业占比较大，已经超过了传统实业企业的需求。而且，在一些主要提供娱乐与技能性服务的平台中，适合平台调性的人员被广泛需要，其通过打造平台的 KOL，来吸引平台使用者与网络用户的关注进而获取流量，平台与零工人员之间以合作为主，并无绝对的附属关系。零工人员的自由度高，这也是近年来雇佣需求的一大变动。以抖音平台为例，以短视频和直播为依托的新兴业态迅速发展，成为激发创业和就业的重要渠道，以 90 后、95 后为代表的新生代，与互联网有天然的亲切感，互联网平台也满足了年轻人期望变化和不断尝鲜的心理需求。这些创作者利用一技之长在互联网上获得粉丝追捧，在获取报酬的同时也实现了自我价值。抖音平台提供的就业机会有专职工作也有大量的兼职工作，是典型的互联网行业中的零工经济。

其次文化传媒的行业特殊性，在演唱会、画展、会展等项目上对于临时人员的需求量大，所占比例近 17%。未来在这些行业中会有更多的灵活用工者建立自身品牌，产生新的就业模式。比如在互联网行业，部分高级工程师会独立出来，不再受聘于公司，而是以合作形式与不同的公司进行业务合作；在会展行业，部分经验、资源丰富的从业者会独立出来，建立自己的团队，为不同的举办方提供专业化的服务。

## 第四节 头部灵活用工者画像

根据上海劳勤问卷调查数据，可以看出内部灵活用工（一种在企业员工内部施行的新型灵活用工模式）与传统灵活用工模式相比存在的优势。调查显示，将使用灵活用工的岗位、工作或者人员，与旧有的灵活用工效果相比，六成以上的企业认为，可以"降低企业成本"，近四成企业认为"降低了管理工作量"和"缩减了招聘周期"，三成以上企业认为"减少了职位空缺"和"提高了工作效率"，仅有 6.23% 的企业认为同自有用工相比"增加了企业成本"（图 7.5）。

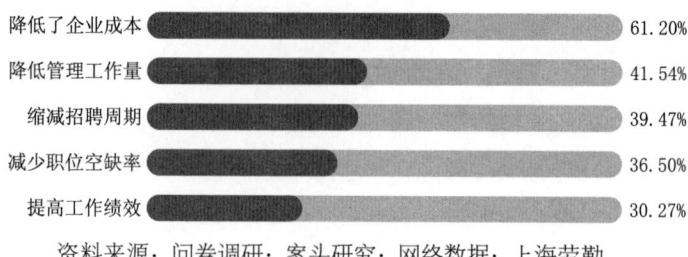

资料来源：问卷调研；案头研究；网络数据；上海劳勤

图 7.5 内部灵活用工优势

内部灵活用工模式解决了编制限制，大大降低企业的成本，有利于提高效益和效率。选用内部灵活用工，企业只需要用人，其他的事情，如工资发放、福利发放、各项保险缴纳等，省工、省时、省心。对于内部兼职的员工，企业可根据个人表现，发现优秀人才重点培养，实现人力资源使用的可持续发展。企业内部人力资源的自有消化，将大大提高人力资源的配置效益。比如，企业拥有员工数据资源库，必要时只需要一键调取员工的身份及其他证明，不仅减轻了人力资源部门的工作负担，同时省去劳务公司招聘录用时间和成本，信息可靠性大大提高，对流动性较强的岗位实现人员灵活转换有促进作用。企业和人员劳动关系被简单化，省去了税收保险等成本管理，给企业管理带来方便。线上流量红利的消弭，线下场景成为巨头们布局的共识，恰恰为零工市场制造了增长空间，而更加高效的内部灵活用工模式又能帮企业柔性地实现线下场景用工的"降本增效"的目的。

以阿里巴巴旗下的一款求职平台——淘工作为例，平台从完善电子商务产业链的角度出发，致力于解决电子商务对人才的需求。淘工作利用自身已有的商家以及客户流量，一方面对接商家，为商家的招聘提供平台；另一方面，对接客户，为淘宝客户提供更方便的找工作渠道。在操作层面上，在企业端，淘宝商家需要填写企业的基本信息，通过淘宝内部人员的信息审核后，企业就可以发布工作岗位，企业在发布岗位的同时,其店铺基本信息会被系统自动读取并展示在页面上;在客户端,求职者可以在平台上直接利用"关键词搜索"企业已发布的岗位,并浏览岗位信息,此外,求职者可以在企业发布的信息中直接找到店铺地址,并查看具体的店铺,若求职者对该岗位有兴趣,则可以直接在平台上一键投递简历。在对接层面上,在企业与求职者均上传信息之后,平台内会形成两个"数据库",即企业招聘数据库和人才数据库,企业可以在人才库里搜索人才,并将符合要求的人才放入自己的人才库中;在企业对求职者的简历进行筛选时,系统会通知求职者是否通过企业的简历面试。通过两个数据库的对接,可以帮助企业和求职者解决招聘和求职的问题。这样一来,淘工作已经为整个电子商务产业链创造了数以百万的就业岗位,为中国电子商务行业有效地解决了人才需求以及人才求职问题。

## 第五节　灵活用工者团队构建

在前文提到,灵活用工者实际上可以视作一家微型的个人企业。那么,在对某位灵活用工者的业务需求不断增大的同时,劳动者个人往往很难再去完成全部的工作,这时就需要组建团队,也就是扩充这家个人企业的规模。灵活用工者组建团队的目的是与用工企业更高效地进行合作,如网红主播会建立自己的后台团队,包括经纪人、造型师、文字编辑等,团队的核心目的就是帮助主播能够在短时间内充分地发挥自己的优势,把精力集中在自己的核心业务上。

同时,共享经济平台是灵活用工者最重要的合作伙伴,也是最重要的基础设施,平台为灵活用工者提供互联网技术上的支持。好的平台收入分配机制透明、合理,占有大量的市场份额,本身自带用户活跃度和忠诚度,能够令灵活用工者获得大量的获客机会和巨大的上升空间。

# 第八章 当下灵活用工产业的痛点

## 第一节 信息不实控制难,诚信用工难继续

目前,灵活用工模式已经被不少企业与劳动者肯定与采用,社会对灵活用工的运营模式、发展前景以及用工者的教育培训、能力需求、个体画像、团队构建均有了比较清晰立体的了解与规划。但是不得不承认的是,当前市场上的灵活用工仍处于发展初期,由于各种因素的限制,灵活用工产业存在很多亟待解决的痛点,制约着这一产业的进一步发展。

在市场中存在着一个很显著的问题,那就是信息不实问题。信息不实也称信息不对称(Asymmetric Information),是经济学里存在广泛的现象。它是指交易中的双方拥有的信息不同,使得在社会政治、经济等活动中,一些成员拥有其他成员无法拥有的信息,由此造成信息不对称,而掌握信息比较充分的人往往具有优势,而信息

贫乏的人员往往处于劣势。

在劳动力市场中，信息不对称现象可以引申为劳动力供给方（劳动者）由于对自身情况了解的详细准确，使得劳动者在应聘招工单位（劳动力需求方）时掌握更多的信息，从而处于优势地位，而招工单位处于劣势地位。比如说劳动者对招工单位隐瞒或者夸大了自身能力、学历、知识技能和必备素质等，造成用工单位招聘的劳动者不合格，只得去寻找新的适配劳动力，但是寻找新的适配劳动力又会遇到这个问题。这个过程浪费了时间和金钱，造成资源浪费，甚至会使用工单位对劳动力产生信任危机，将影响波及其他产业，造成更广泛的恶劣影响。

举例来说，类似于二手车市场的"柠檬经济"，劳动力市场同样存在该问题。由于企业对劳动力的了解不够全面准确，而劳动力市场上鱼龙混杂，既存在高素质劳动力，又存在低素质劳动力，企业无法在短期考核中辨别，一般只愿意付出劳动力市场平均工资的价格来雇用劳动力，而高素质劳动力往往需要更高的报酬，低素质劳动力仅仅需要比较低的报酬，所以这种平均报酬会逐渐使需要高报酬的高素质劳动力离开市场，最终使得企业以平均工资雇用到了低素质劳动力。而当所有高素质劳动力离开劳动力市场后，市场充斥着低素质劳动力，企业只好继续降低工资到新的平均工资雇用素质更低的劳动力，如此往复。最终市场上只有最低素质的劳动力了。经济学将这种低素质劳动力驱逐高素质劳动力的现象称为逆向选择。造成这种逆向选择的原因是多方面的，包括企业难以全面立体地了解毕业生的综合素质、求职者的内心工作意愿；而求职者同样不了解企业的真实工作状况以及用人单位的信誉度等。

同样，即使企业招募到了心仪的劳动力后，也有可能在企业招工之后，劳动力在工作时会出现偷懒、不努力工作等问题（劳动力在应聘工作时曾保证会努力工作），这种事后"原形毕露"的行为使得企业蒙受损失,同时,劳动力也有可能会遇到企业在招工前和招工后言行不一、"毁约"的风险,这种信息不对称现象被称为道德风险。

信息不对称和逆向选择、道德风险现象在灵活用工中体现得更为广泛,由于灵活用工突破了以往全日制雇佣关系,拥有多种的雇佣形式,劳动力流动也更为迅速和广泛。比起传统招工方式来说,企业会遇到更多的应聘者,更多的应聘者使得企业难以对每个应聘者予以完善而全面的考核和了解,必然带来更多的逆向选择问题。同时,灵活用工带来的流动迅速且数量庞大的劳动力会对劳动力供求双方带来恶性行为激励,对劳动者来说,他们往往会凭借灵活用工的优势工作偷懒,并且企业难以监管;对企业来说,企业也会凭借劳动力供给充足的优势在招聘上进行事前事后不一的行为来欺压劳动者。双方的行为均会造成更多的道德风险问题。由此可见,劳动力市场自身的信息不对称问题会被灵活用工无限放大。据社会调查《2018年中国劳动力满意度报告》中提到,有57.6%的劳动力都遇到过企业招聘前后言行不一的行为,而有30.4%的企业遇到过员工在简历上的"欺诈"行为。信息不实对劳动力供求双方的互信合作提出了严峻的挑战。

在学历造假、数据造假方面,以可信教育数字身份链为例,该链基于可信教育数字身份,遵照《电子签名法》《网络安全法》《密码法》《商用密码管理条例》等国家法律法规与政策,包括"学籍链、学历链、证照链、档案链、资助链、学生综评链、数字资产链"等教育应用。该链是面向在校学生、教师、毕业生等人员统一签发的、具有法律效力的"教育网络身份证"。采用可信教育身份链应用体系,有利于实现在线教育与在线管理所面临的"实名认证、记录可信、数据共享、隐私保护、数据安全"等关注的信任与安全问题。

## 第二节 鉴证成本降低难,灵活用工难保障

鉴证成本指的是对劳动者知识技能等的鉴证所花费的财力物力,由于存在信息不对称问题,企业若想降低招错工人、招素质低的工人所带来的额外时间和金钱成本,就只能通过进行对劳动者知识能力的鉴定来提升对劳动力的全面了解,比如对劳动者知识技能证书的真伪鉴定,对劳动者掌握技术的鉴定等。这种鉴证成本往往比较高,因为企业需要通过额外的人力物力,且这种人力物力往往是高技术、高素质、高成本的,对企业造成了很大的负担。所以有很多企业往往怕麻烦,不去做鉴定程序,给了劳动者可乘之机,加大了信息不对称的影响。

在灵活用工中,同样由于劳动力流通迅速、流通量大,用工方式多样企业难以监管等问题,鉴证成本居高不下,据《2016年中国劳动力市场技能缺口研究》中显示,企业鉴证成本平均占企业成本的3%～3.5%,是一笔不小的数目,加重了企业负担(图8.1)。

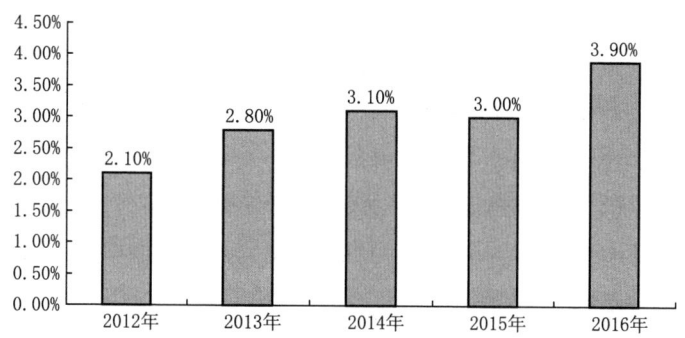

图8.1 2012～2016年鉴证成本占企业总成本比例(3 657个企业数目样本)

## 第三节 平台黏性减小难,企业规模难扩大

随着数字经济蓬勃发展,平台经济已成为应用最广、影响最大的新的经济形态,是推动经济增长的主要力量。一批快速崛起的互

联网平台在大幅提升资源配置效率的同时,也在一些领域因"一家独大"的市场地位及不当的市场竞争行为带来了不少治理难题。在互联网企业,存在着比较大规模的垄断现象。例如新浪垄断了微博行业,腾讯和阿里垄断了竞争支付行业等。

平台一般是指那些连接两类或两类以上用户(如买方和卖方),实现商品、服务和信息交换等的交易场所。传统平台的定义为"双边(或多边)市场是一个或几个允许最终用户交易的平台"。由于交易成本、时空限制等原因,多数传统平台无论是在经济规模上还是社会影响力上都十分有限。因此,垄断下的平台上的交易很难传递到另一平台上,由此带来了黏性。

将理论应用到劳动力市场上,平台黏性是指由于垄断、寡头、垄断竞争等市场的出现,使得该领域内的劳动力不易发生流动,即粘在了该领域(平台)中。例如,有些劳动者因其特殊的技能素质要求,只能在特定行业内工作,如果流动到另一行业中,该劳动者会丧失比较优势而处于不利地位。这种现象对灵活用工造成不利影响。众所周知,灵活用工的本质就是打破传统的雇佣关系,形成高速流通的劳动力,而这种劳动力黏性阻碍了这种流通,使得企业无法灵活雇用到技能素质匹配的劳动力,降低效率和市场规模。

例如,中国产业研究报告2019年中的一项数据对比,垄断较多的互联网行业的劳动力流动明显低于垄断较低竞争较强的零售行业劳动力流动,可见对于新兴产业下灵活用工带来的优势很难得到发挥(图8.2)。

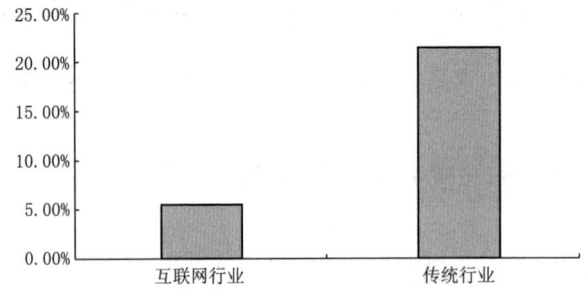

图8.2 2019年产业劳动力流动比率(流动人数/行业总人数)

## 第四节　合同篡改追溯难，用工争议难解决

灵活用工是近两年的产物，其新潮的原因导致法律上的相关条款规定无法跟上，使得灵活用工在法律上存在许多漏洞，给了不法劳动者和企业可乘之机。其中影响比较大的一点就是劳动者的保障——劳动合同。产生了许多因执行劳动法律、法规和履行劳动合同而发生的纠纷。根据纠纷争议的内容，可以分为以下几类：（1）因确认劳动关系发生的争议；（2）因订立、履行、变更、解除和终止劳动合同发生的争议；（3）因除名、辞退和辞职、离职发生的争议；（4）因工作时间、休息休假、社会保险、福利、培训以及劳动保护发生的争议；（5）因劳动报酬、工伤医疗费、经济补偿或者赔偿金等发生的争议；（6）法律、法规规定的其他劳动争议。

在灵活用工中，上述传统劳动关系下的纠纷更为复杂和紧张。首先就是因为法律不完善，存在漏洞。其次灵活用工带来的劳动力转移和规模的扩大带来了大量且种类繁多的劳动合同，其中包括各种非全日制雇佣关系的合同，并且大多数合同为纸质版，降低了企业的日常运营效率，考验着进行灵活用工的企业处理事务的能力，加重了企业的负担。同时，由于信息不对称问题的存在，企业难以对劳动者进行合同上的监督，产生了很多道德风险问题。种种问题都对灵活用工的法律保障提出了挑战。

以职链平台为例，职链是帮助人才与企业合法合规共享对接的"区块链+灵活用工"平台。结合当前共享经济新业态，职链推出了"灵活用工+财税优化"的解决方案。该方案是通过个人（一般为灵活就业者）与平台建立合作关系，再通过职链平台与企业共享对接形成合作关系，破解企业用工风险。

## 第五节　工资税负计算难，企业成本难控制

灵活用工在带来了许多便利的同时，也对企业提出了不小的挑战。同时法律相关条款的不完善使得国家对灵活用工的劳动者个税和企业所得税征讨困难重重。企业该采用什么税率，该如何计算灵活用工的个人收入，企业又该如何进行合理的避税呢？

通过分析以下四种形式的企业所得税为例，会发现在法律上这四种形式的企业所得税扣除方式均不一样。非全日制用工的企业所得税按着实际支付的金额作为企业的工资薪金支出在企业所得税税前扣除；劳务派遣的企业所得税是由用人单位向派遣单位支出劳务费，派遣单位为其开具增值税发票，企业根据发票及支付记录等相关凭据在企业所得税税前扣除；业务外包的企业所得税是由企业根据取得的发票、对外支付记录及合同等相关凭据作为企业所得税税前扣除的凭据即可；平台型用工的企业所得税是由发布任务的企业支付费用到平台，平台为其开具增值税发票，其以取得的增值税发票及支付凭据作为税前扣除凭据即可。

由此可见，灵活用工的"灵活"对企业计算税负来说是个不小的挑战。对于企业而言，尽管更灵活的就业模式可以使他们在就业高峰期找到更多合适的人，但他们无须签订正式的劳资关系并采用"自雇"模式，该模式可以随时使用和暂停，有效地控制了人力成本，而无须支付更多的社保。但许多短期灵活用工劳动者都是以日计酬、以周计酬，或者是以奖金或者是以福利的方式发放劳动者报酬，较传统的全日制劳动雇佣关系的以月发放薪酬来说，给企业计算劳动者税负加重了负担，企业需要花费额外的人力物力来给庞大的灵活用工劳动者计算税负，企业减少传统雇佣用工成本的同时又增加了灵活用工的成本，这种成本的增加无形中抑制了企业扩大灵活用工的规模，产生了负反馈作用。根据 2019 年中国产业研

报告中的数据显示,灵活用工更为广泛的新兴行业的税负成本为 2.1%,多于传统雇佣关系为主的传统行业(1.9%)(图 8.3)。

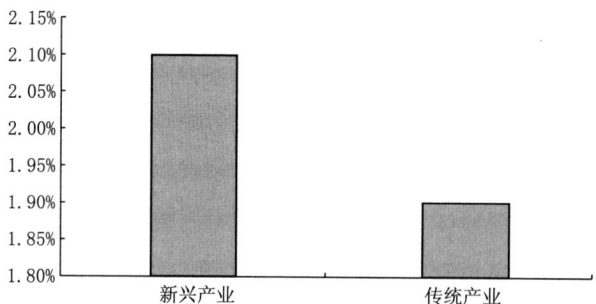

**图 8.3　企业税负成本在不同行业的对比**

第三部分
# 灵活用工平台价值网络转型升级：
## 区块链核心

传统雇佣型用工模式在新时代发展下将逐渐边缘化，而发展初期的灵活用工虽然解决了一部分传统招工的问题，但是仍存在信息不对称、成本高、平台黏性大、用工争议普遍以及薪酬支付困难等一系列问题。区块链利用全新加密技术、全网共识机制、去中心化的运作模式等有效解决了灵活用工的痛点问题，将有效赋能企业招聘环节。

# 第九章  招聘模块

## 第一节  什么是招聘？

招聘是指有聘请需要的企事业单位、个体工商户以及合伙企业等招收和聘请有求职意愿的人参加本公司工作。

随着社会经济发展和制度变革,招聘形式也不断改变。 在资本主义制度下,招聘基本处于"买方市场",企业以高额薪资等为手段挖掘符合公司发展的员工为自己所用。 在我国,招聘具有一定的法律程序,招聘者与求职者应签订劳务合同,提前规定工作内容、工资以及工作要求等,并向有关部门报告备案。 近几年来,招聘除了要符合上述规定外,应聘人员还必须经过笔试、面试等环节进行择优录取,同时采用试用期制度,根据员工表现通过试用期才能成为正式员工。

随着社会的发展,企业招聘的方式也多种多样,针对应届毕业生多采用校园招聘,通过校园宣讲的形式招收优秀毕业生;针对社会待业工作者,采用社会招聘的方式,企业发出招聘需求的广告,求职者自行投递简历;此外随着互联网的发展,网上招聘成为越来越多企业的招聘方式,企业通过网上招聘软件发布员工招聘需求,求职者可直接在网上进行简历投递甚至面试等环节,如馒头招聘、BOSS直聘等;职业中介机构成为近几年来在求职者与企业之间的活跃分子,通过与企业合作获得企业的招聘名额,然后联系有需要的求职者,收取一定费用并对其进行职业培训进而推荐给公司录用;当然,求职者若在公司有一定的"人际关系",也可以通过内部推荐的方式获得岗位。

## 第二节 传统招聘的实现

### 一、招聘软件

#### 1. 招聘广告

当公司有员工需求,想要招聘新员工为企业服务时,企业人力资源部便根据企业内部需要创建招聘广告或者与社会"猎头公司"合作,使其帮助公司创建招聘广告。在通常情况下,招聘广告中应该包含企业的基本状况介绍、岗位描述、岗位要求、工作待遇等内容。

#### 2. 广告投放

公司创建好招聘广告后,就要进行广告的投放。为了尽快满足公司的招聘需求,就要让广告在最短的时间内让更多的人浏览,所以招聘广告就同时投放多个平台。若公司有自己的门户网站,可以直接在网站上发布招聘广告。此外,越来越多的公司通过微信公众号的宣传、熟人群转发的方式,企业还会和众多求职软件合作,比如企业可以在BOSS直聘平台发布招聘信息,利用BOSS直聘平台的客户为公司招聘扩大宣传。

3. 招聘程序

传统人力资源招聘往往是公司发出招聘需求,求职者自主寻找符合自身条件及要求的岗位,然后进行申请。这就会造成信息不对称、渠道单一而错失工作机会等问题,但是目前很多招聘软件的应用解决了这个痛点。以馒头招聘为例(图9.1),它是一款为服务业求职者提供就业岗位,为服务业商家提供免费人员招聘服务的平台,主要帮助美团商户解决蓝领的招聘问题。馒头招聘直接对接需求端与供给端。在需求一侧,馒头直聘对接中小型商家,商家将自身的招聘需求上传在馒头招聘平台;在供给一侧,馒头招聘 App 同样可以对接求职者,求职者按照平台要求填写自己的学历、技能、爱好、工作经验以及基本要求等,同时在平台中上传个人简历。这样平台就同时接受了需求端和供给端的数据信息。此外,为了扩大企业招聘信息的宣传面,同时提供给求职者更多的有效信息,馒头招聘提供智能匹配与精准推荐的功能。在供给端一侧,平台会根据求职者的意愿以及基本信息,在系统信息库中搜索符合求职者求职条件的岗位,并利用智能算法优先推荐近距离的工作岗位,这样求职者就可以快速浏览到与自己需求相匹配的工作岗位,节省寻找的时间;与此同时,求职者可以在平台上自主浏览感兴趣的岗位信息,系统会利用大数据技术定时推送求职者需要的岗位招聘信息,最大程度上帮助求职者在最短的时间内找到最称心的岗位。

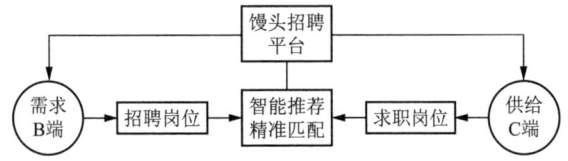

图 9.1 馒头招聘平台系统操作图

4. 申请流程

就目前来说,多数求职者均是通过网络求职的。在投递简历的环节，多数人采用三种方式：一是在传统招聘软件上发现招聘信息，按照软件的操作上传简历等；二是通过微信公众号、群消息转发等方式，直接向申请公司发送邮件；三是通过公司网站，注册账号，填写相应信息并提交个人简历等。

5. 招聘工具

传统招聘的招聘工具除了公司网站外，主要利用各种招聘App，如智联招聘、美团本地生活—馒头招聘、BOSS直聘等。此外微信公众号、小程序也是投放广告进行招聘的绝佳方式。公司可以追踪到申请人是通过何种方式了解到招聘信息的，进而评估每种招聘方式的有效性，以便日后进行更有效率的招聘。

6. 信息汇集

由于公司在不同平台通过各种方式投放招聘广告，所以求职者也会通过不同方式申请岗位，此时企业需要在不同平台收集汇总申请人的信息，包括其个人基本信息、学历状况、工作经验等。在有些时候，还需要对信息进行必要的分类总结。

## 二、申请人追踪系统（ATS）

1. 收到申请

在公司发出招聘广告后，往往会收到大量申请人的回应。公司人力资源部可以在公司的招聘收件箱等地点查看到所有新的申请人。公司也可以看到申请人是使用哪个渠道进行申请的，从而为以后广告投放积累经验。公司人力资源部应该对所有收到的求职邮件进行基本的整理，按照其求职类型对其进行排序。

2. 管理申请人

在对求职邮件进行分类整理之后，公司员工应该逐一细致查看每一个求职者的邮件信息以及简历信息，对求职者的基本资料，如学历学识、工作经验等做出基本了解，并且针对每一个人的简历，结合公司的招聘要求，进行排序以及筛选，将合适的员工分配到下一个阶段，对于不合适的员工发送拒绝邮件，这样能够保证申请人跟踪系统中维护他们的申请状态的概述。同时，系统会将求职者信息通过站内、站外转发给同事，连同附件简历，可同时发送查看，方便招聘方对求职者进行综合考量。

3. 面试流程

在对申请人做出一定的筛选之后，针对可以进入下一考核的申请人，需要安排面试。首先，要与有员工需求的部门提前确认空闲时间，以便安排面试，并给参与面试评估的同事发送评估表格；其次，将申请人分组并给不同的组别分配时间；最后，给进入面试考核的申请人发送邮件，写清楚面试时间、地点与流程等信息。在面试当天，应与求职者保证随时联系，并且提前准备一个应急预案，以防突发状况的发生。

不论对企业还是个人来说，面试都是一个十分复杂的过程。为解决这个痛点，很多线上平台借助移动互联网优势，简化招聘程序，上级可以直接借助平台进行在线面试，方便招聘方与应聘方及时、高效的信息交换，为双方节省大量时间成本，有助于劳动力市场上供给与需求的精准对接。以 BOSS 直聘为例，直接让刚需之间进行详细的沟通，跳过初试环节，节省了双方成本，提高招聘面试效率。BOSS 直聘为客户开发了基于电脑客户端和移动端的招聘平台，应聘流程高度精简、集中。在面试阶段，应聘方与招聘方可以直接进行视频面试或语音聊天，视频面试不受地域限制，不受传统的上班时间影响，即可连线全球优秀人才。支持 3v1 多人群面，在线商议结果，进一步提升面试效率。BOSS 也可选择和求职者语音沟通，能及时快速查看是否符合职位要求。

4. 雇用申请人

在面试过后，需要收集参与面试的员工的评估表，综合不同的评估意见，对求职者进行优先排序。根据公司招聘名额，最终确认雇用申请人，并向被雇用申请人发送录取邮件，向未被雇用的申请人发送拒绝邮件。在确认雇用申请人之后，需要组织公司新员工办理入职手续，参与入职培训等各项工作流程。而采用线上平台招聘员工时，企业可以在确认雇用申请人后，直接发放线上录用通知。如BOSS直聘平台可实现线上录用通知一键速成，便捷高效地揽获求职者。

## 第三节 痛点

### 一、申请人信息真假难辨

传统招聘方式的一大特点就是求职者只要在相应平台填写自己的基本信息然后向公司投递简历即可。对于申请人来说申请的程序较为简单。但是问题的关键就是求职者所填写的信息可靠性并不能保证。公司人力资源部员工判断申请人的标准仅仅凭借申请人的文字简历以及面试过程中的表现，而且判断具有主观性。申请人很有可能为了达到自己的求职要求，伪造自己的简历信息，并且为面试做出特殊准备，蒙蔽面试官的双眼，最终致使公司招聘到不符合要求的员工。这对公司来说不仅浪费了招聘过程中的人力物力财力，导致招聘的无效性，还会浪费公司的资源，加大公司的管理难度，降低公司内部的运作效率，甚至错失可能雇用其他合格申请人的机会。

### 二、招聘成本难以降低

目前公司招聘多采用"广撒网"的形式，为了让招聘信息在最短的时间内被更多的人浏览到，公司会在不同平台同时发布招聘广告，比如公司会和不同的招聘公司进行合作，以期更多的求职者看到公司的招聘信息后会投递简历。然而在这个过程中，公司一方面为了招聘广告的投放，需要花费大量人力财力；另一方面在对申请人做出基本筛选的过程中，由于求职者的简历可能存在参差不齐的情况，而公司开放的招聘策略又会导致大量求职者的简历投递，所以公司不得不花费大量时间与精力去查看与筛选求职者的简历，而这必然会增加人力资源部的工作量，降低公司招聘效率的同时也增加了员工招聘的成本，给企业的人力财力造成巨大压力。

### 三、申请数据难以管理更新

求职者在向公司投递简历之后，申请人的信息便会进入公司的人才储备库，但是申请人的信息是不断变化的，比如：伴随着时间的推移，求职者的工作经验得以丰富，技能得以提升，学历得以提高等，但是公司对求职者信息的掌握仍仅仅停留在求职者过去的简历中，无法获得求职者的最新数据，这样公司的人才库会濒临枯竭，无法获得及时有效的信息，这对公司的人才培养极为不利。

## 第四节 区块链：赋能招聘环节

### 一、如何赋能？

1. 可信简历

在传统招聘中，求职者自行填写基本信息，企业若不采取一定调查行动无法确保信息的可信度，但是信息调查又会耗费企业的精力与财力，造成企业运营的压力。而区块链技术具有高度透明化、信息不可随意篡改、可溯源等特征，当申请人在平台填写自己基本信息的时候，系统会利用相应的溯源体系追踪求职者过去的基本情况，从而分析求职者所填写数据的准确度；同时填写的数据信息是不能随意更改的，这样申请人提交的简历就建立在一定的保障基础上，有效地解决了申请人信息真假难辨的问题，提高了公司招聘效率，降低了公司错失合格求职者的风险。

2. 背景调查

利用区块链技术，系统会自动溯源求职者的所有信息，当求职者申请公司的某一岗位时，只要公司系统内有该求职者的名字，系统就会自动生成求职者的历史信息，比如求职者的工作经验、工作效率、工作质量、出勤情况等，企业对求职者的了解不再仅仅停留在求职者的个人陈述以及有记载的资料上面，而是可以通过过往历史，立体全面地了解申请人的情况，综合各方面的数据对其进行综合评估，这样可以降低公司的招聘风险，提高公司筛选求职者的效率，有利于公司对于合适人才的培养。

3. 数字身份

求职者数字身份就是企业利用区块链技术为求职者建立了与求职者基本信息以及就业有关的数字化档案。该档案可以以云文件的形式保存在公司的人才库中，这样不仅节约了企业人力资源管理的空间成本与财务成本，为企业节约了相应的资金，还在一定程度上解决了企业人力资源管理成本高的问题，同时人力资源部门可以随时调取查找有关求职者的信息，提高了企业对于求职者信息管理的效率，从而有利于招聘流程的优化与简化。此外，求职者信息具有一定的访问权限，求职者的信息档案不能被随意翻阅，避免了员工身份以及企业相关信息被窃取的风险。数字身份赋予每一个求职者"信息代码"，这个代码可以在公司资源库中灵活存在，根据公司需要随时查找或删除，提高了公司人力资源效率，优化了管理流程。

4. 用户画像

区块链技术的另一个特征就是可以对数据进行综合性分析。当求职者申请公司岗位时，求职者的各种信息会因为溯源体系的存在全部生成，而且这些信息会被系统分类进行集中统一处理。根据信息的处理结果,会进一步生成用户画像,用户画像除了涵盖求职者的基本信息以外,还会包括求职者的偏好、性格特征、技能特长以及工作适应性等。根据用户的画像特点,系统会进一步为其匹配合适的公司岗位。这样一方面满足求职者的求职要求,另一方面会便于公司人才的培养,充分利用公司的人力资源,降低管理成本,提高工作效率与员工满意度。

5. 交叉验证

区块链技术的一个核心特征就是信息共享特点,将区块链赋能员工档案管理,可以共享不同平台的员工信息,对员工信息进行及时更新。比如求职者在某一公司求职时学历为本科,但经过几年时间求职者提高了自身的学历水平,获得了硕士学位,此时去另一个公司求职,利用区块链技术可以共享员工信息,存有该员工档案的公司均可以及时更新员工信息,了解其学历提升的特征。这种交叉验证,一方面为求职者求职创造了更多的机会,另一方面及时更新公司人才信息库,有利于公司对人才的发掘和培养,提升公司的整体素质和运营效率。

## 二、区块链:重塑招聘环节

随着招聘行业的不断发展变化,传统招聘方式不断凸显出很多问题,其中包括信息泄露的风险问题、个人信息造假问题以及招聘成本过高等。但是随着科技的发展,区块链在招聘行业的应用优势越发明显。基于加密技术与共识机制,区块链维护了一个去中心化的、分布式的、不可篡改的连续账本数据库,节点端的参与者通过统一、可靠的账本系统和时间戳机制,可以确保资金和信息安全。区块链赋能招聘行业,其背后共享与安全的理念能够在很大程度上颠覆传统招聘行业,改变旧的体制与招聘模式,为招聘带来翻天覆地的变化。

这项技术拥有一些不可替代的特征，比如可溯源性、不可篡改、高度透明等。利用溯源特征，可以精密追踪求职者的各项行为，比如求职者修改简历的步骤、求职者的工作经验和工作内容等。通过信息溯源，公司可以快速了解求职者的具体信息，将求职者主观叙述变为客观呈现，一方面避免了因主观因素的模糊性导致公司在招聘员工方面的误差，另一方面降低了员工信息造假的风险；利用不可篡改的特性，每一个求职者的信息都是经过精密加工被存储到企业的人力资源库中，而企业的人才库会采用相应的访问权限，这样就大大降低了信息被篡改以及被泄露的风险，提高了信息存储的安全性；利用其共享性，同一个求职者在不同企业之间的信息是互通的，并且跟随着求职者的不同发展阶段不断更新，这样求职者的信息就会像一个有生命的生物一样，会进行自我管理，解决了企业在申请人申请数据难以管理更新方面的困惑，同时方便企业随时查找信息及调取信息，节省了企业整理人力资源库运营的时间成本，大大提高了企业人力资源管理方面的运营效率。通过这些特性的综合，人才库实现自我更新，企业招聘过程节省了材料审核的时间，提高了信息的可信度，同时有针对性地获取对应求职者，企业可以不必大规模投放广告，在招聘等多个过程节省了资金，大大降低了企业的招聘与管理成本，解决了目前招聘行业的许多痛点问题。区块链赋能招聘行业，是目前招聘行业的一股清流，它解决了招聘过程中的很多痛点问题，简化了招聘流程，提高了企业的运营效率，降低了企业的运营成本，颠覆了传统招聘的观念，将招聘塑造成一条电子化"产业链"，既可以应对灵活多变的产业情况，同时又让招聘遵循着一定规律行走，实现了自动化与流程化。它为求职者创造了更多就业的机会，同时为企业招聘员工降低了难度，一定程度上缓解了社会就业压力。

## 第五节　具体案例

Personio 是德国的一款人力资源业务管理平台，致力于将求职者行为信息化与数据化，负责应聘者的整个求职生命周期，涵盖了应聘、入职、岗位管理以及日后发展等各项工作。

企业人力资源管理是指企业根据自身发展战略目标，合理配置人力资源，充分发掘人才的潜能，并通过一系列管理过程，确保企业战略目标的实现。对于企业来说，人力资源是企业一切业务活动的根本，但是由于人的社会属性等各种条件的限制，人力资源问题在企业管理中越发凸显，其主要有六大痛点：一是战略目标落地难，二是管理过程监控难，三是人力资源基础弱，四是绩效管理效果差，五是能力评价信度低，六是人才培养效果差。因此，目前人力资源成为企业进行日常管理的一大难题。

Personio 人力资源业务管理平台服务于企业人力资源管理全过程，致力于解决企业人力资源管理过程中出现的各种问题，包括员工招聘、薪资支付、入职管理以及员工发展等各种事务。通过强大的数字系统与软件，实现线上招聘与申请人追踪、员工入职培训安排工作、电子化管理员工档案并对员工出勤、绩效以及员工反馈意见进行统一管理。

Personio 利用自身招聘软件的特点，集中创建招聘广告并在几百个门户网站发布广告，接触更多的求职候选人；进而利用申请人追踪系统，实时收集相关数据，加快招聘流程，量化求职者相关数据，并根据结果，聘用最符合公司需要的人才。

# 第十章　支付模块

## 第一节　什么是支付？

　　支付，是发生在购买者和销售者之间的金融交换，是基于社会经济活动的发生而导致的货币所有权转移的过程。随着互联网的发展，线上支付已经成为人们日常生活的主流支付方式。线上支付指通过互联网作为载体进行资金的转移，利用银行所支持的某种数字金融工具，发生在购买者和销售者之间的金融交换，实现从买者到金融机构、商家之间的在线货币支付、现金流转、资金清算、查询统计等过程。

　　如果说招聘作为企业人力资源管理的第一个环节，那么薪酬支付就是第二个不可或缺的环节。因此，支付不仅发生在商品的买卖中，同样服务的提供者与需求者之间也会发生支付的过程，工资支付就是一个典型例子。工资支付就是企业在获得职工提供的服务之后，按照一定的具体办法为职工发放酬劳的过程，包括如何计发在制度工作时间内职工完成一定的工作量后应获得的报酬，或者在特殊情况下的工资如何支付等问题。

## 第二节 传统支付的实现

### 一、初步发薪

几乎每一个公司都会规定公司的薪资发放日，在没有特殊情况下，每位员工的工资都会在规定日期按时到账。那么为了保障公司职工的工资能够在薪资发放日顺利发放，在此之前，需要做大量的准备工作。

公司为了保障职工工资的合规发放，需要提前制定完善的工资文件。在传统薪资发放制度下，员工的薪资需要企业财务相关人员逐一核对。随着互联网技术的发展，尤其是大型正规公司，公司会设立相应的薪资发放系统，每一位员工的工作情况以及对应的薪资情况均会根据实际情况在系统中做详细记录与备注，集中维护所有人员数据，一定程度上可以避免在发薪日期前处理公司大量员工的工资单，为无压力的薪资流程奠定基础。在通过人工核对或系统记录的步骤后，公司会形成比较完善的工资文件。

随着行业的发展，企业与员工逐渐由传统的雇佣关系转变为合作关系。企业以"岗位外包+流程外包"的方式对企业所管辖员工进行统一的业务化外包，同时员工接受并完成企业发布的任务，最后按照任务完成情况取得薪酬与缴纳税款。

### 二、工资会计制度

为了进一步保障企业工资发放顺利，同时符合实际情况，企业在制定好相应的工资文件之后，需要进行工资核对。因为现实偏差始终存在，不论采用人工核对还是系统自动记录的方式，员工工资均有出现错误的可能性。因此在薪资发放日之前，人力资源部门会进行员工薪资核查。薪资核查通常利用软件系统来进行，采用系统自动识别的方式，通过与上月数据对比，将异常数据挑选出来以供核查。同时企业也会将员工的工资情况发放给员工进行核查，员工可以登录相应系统，查看自己的工资单，若员工对自己的薪资提出质疑，可以通过公司流程进行申诉。通过员工自我核查的方式，最终确定企业职工的工资。通过一系列确认的流程最终保障员工工资准确无误的过程就是工资会计制度的实施过程，该过程的实施保障了企业的公平性。

在灵活用工服务模式下，业务与薪酬在一个流程框架下自主完成。以众薪平台为例，主要包括建立框架、电子签服务、云结算系统、其他增值服务等四部分内容，可以帮助企业完成确立用工关系、员工档案管理、业务流程管理以及薪资合理支付等灵活用工的全过程，同时为它们提供金融、保险等配套增值服务。此外，众薪科技自主研发的具备众薪电子签功能的灵薪付系统可以直接为企业灵活用工保障支付。

### 三、工资单生成

在企业工资系统中，员工的月薪、时薪、奖金、税负、保险等数据自动纳入工资单。在员工工资单中，税负问题一直是一个痛点问题。按照国家税法规定，高收入员工的税负较重，且偷税避税后果严峻，因此企业可以采用合理的方式为员工降税；此外，为保障员工权益，企业需要为员工购买合适的保险，在保险的选择方面，企业需要全面了解各种保险的具体信息，在"互联网+"的新环境下，实现足不出户办理社保业务，方便企业员工享受应有的福利。

在员工工资单最终确定后，员工能够直接从他们的数字人事档案中下载最终工资单,当员工工资因为其他原因要做出调整时,系统会根据实际情况进行自动更新。企业在经过完善工资文件以及工资核查之后,会将最终确定的员工工资形成一份工资单,发放给员工。而在负责人端,负责人可以查看自己所管辖的领域内所有员工的工作情况,并且对表现异常的员工进行及时反馈了解状况,保障部门工作正常进行。通过系统记录工资的实现,不仅保障了工资自动化的生成,同时增加了企业对员工的了解程度,进一步保障公司的发展。

## 第三节 痛点

### 一、支付安全难以保证

在传统支付方式下,职工工资支付存在很多安全隐患。首先,是人为操作失误。虽然工资系统可以实现一定的自动化,但是很多日常的数据还需要人工录入,比如员工差旅费审批、员工工资扣除等,在记录的过程中很可能因为财务人员的失误将费用数量以及其他项目弄错,而这样的错误由于数额较小,系统常常难以识别,最终导致职工工资错误。此外,支付账户安全难以保障。目前公司工资发放多数采用将工资在指定日期自动划入员工工资卡或银行卡中,但是员工的工资卡或银行卡的安全性与可靠性不能保障,员工很可能因为个人原因丢失卡片,或者卡片信息被盗取造成财产安全损失。因此,传统支付方式对企业以及员工的财产安全均有一定的风险性,财产发生损失的可能性较大。

### 二、会计成本较高

传统工资支付的方式的成本问题一直是企业人力资源管理的痛点问题。首先,人工成本居高不下。企业尤其是规模较大的企业,通常拥有数百甚至更多的员工。上至总经理,下至公司保安,每一位员工的工资均要准确核对,当其中某一个人出现请假或者其他事情需要特别备注时,企业都要聘请相应的员工记录有关事项,这些均需要花费企业大量员工成本,同时员工工作致力于记录与备注,就会减少做其他更重要的工作的时间,降低企业的运营效率。其次,系统维护成本。企业为了方便员工工资发放环节,均会设立工资系统,但是工资系统很可能出现很多问题,比如系统错乱,并且随着技术发展,工资系统需要定时维护与更新,这些均需要消耗企业的相关费用,提高人力资源成本。再次,税负保险问题一直是公司中非常烦琐的问题,企业作为员工的扣缴义务人,需要在合法化的基础上,详细计算员工的个人所得税并在员工工资中进行扣除,在税收规定日期内为员工代为缴扣。但是对于高收入员工来说,税收占据工资的较大一部分,为保障员工权益,贯彻国家免税降税政策,企业需要为员工找到合理的降税方式。这就加大了企业的人力成本。同时企业为公司的每一位员工购买各种保险,这些均会加大企业人力资源与财务相关人员的工作量,加大企业的运营成本。

### 三、考评绩效数据难以及时同步

传统工资支付的另一个缺点就是数据的滞后性。KPI(关键绩效指标)是用于衡量工作人员工作绩效表现的量化指标。而 KPI 指标又与员工的薪资奖金水平息息相关。但是通常情况下,企业员工工资的发放是在企业完成当月全部任务之后的某个日期,而 KPI 仅仅代表员工过去的成果。因此,针对企业而言,无法及时了解员工的工作状况,这样可能会降低企业员工的忠诚度与满意度,进而影响员工对公司的向心力与企业的运营水平。

## 第四节 区块链：赋能支付环节

### 一、如何赋能？

1. 点对点直接交易，无第三方

企业工资支付系统本质上是一个中心化的系统，企业在给员工发放工资的时候都要经过这个系统，与企业和员工工资相关的数据都储存在这个中心化的大系统中。在企业通过该系统为员工发放工资的时候，系统只是按照企业的指令机械化地完成支付的业务，并且支付的发生是基于各个交易方之间重复进行对账清算而最终确认的结果。但是区块链能够摒弃传统的薪资支付模式，其具有的去中心化的特征使各交易双方都能够直接进行交易，并且区块链是一个分布式账本，在账本中有众多地位相等的节点分布，每个节点都具有高度自治的特征，节点之间彼此可以自由连接，形成新的连接单元。任何一个节点都可能成为阶段性的中心。也就是说，在这个平台中，所有人都是平等的，所有的交易都是公开透明的。在员工工资记录阶段，企业与员工之间无须进行重复的对账确认工作，员工账簿实现实时数据更新，随时调取，并且一旦确认不可更改，保障了数据的可靠性与可信度。

2. 电子签名：数据不可篡改

在传统的工资支付模式中，无论是在人工记录的基础上还在企业工资支付系统中，交易信息的安全性都是难以保障的，随时有可能被黑客或者其他无关人员袭击获取。

而区块链赋能电子签名可以有效解决这一问题。和真实签名一样，电子签名也是为了证明个人身份。但是区块链赋能电子签名与传统电子签名不同的是，它采用了加密算法，使得全新的电子签名更加安全有保障。在非对称的加密系统中，用户将会获得秘钥对，公钥和私钥是通过数学关系相互连接的。公钥，顾名思义就是公开发布的,作为从其他用户处接受信息的地址,就类似账号的 IP 地址。 私钥意味着私人隐秘的信息,作为电子信息发送给别人,而个人的电子签名包含在信息中,所以接收者只能收到发送者的公钥,而对私钥一无所知,这样就保障了接收者的信息安全。 用户只要在区块链上创造账号,就可以获得秘钥对,并且不需要任何官方注册,而且基于区块链的交易必须由发送者使用私钥进行电子签名后才能进行,这种模式保证了只有账户拥有者才拥有交易和转移自身资产的权利。

区块链的电子签名使得所有储存在区块链上的数据信息都是进行过加密保护的,各个节点的参与方都拥有与交易相关的所有的数据,并且每一笔交易信息都和上层交易进行了绑定,想要篡改信息除非将所有节点上的信息以及上层交易信息都进行篡改,否则难以达到目的。 区块链的不可篡改特征保障了数据安全,相关监管问题也得到了解决。 这种基于区块链的交易方式解决了传统模式下支付安全难以保障的问题,显著提高了企业员工工资支付的安全性与可靠性,保障了企业与员工的财产安全。

3. 支付信息实时同步

利用传统的薪资支付方式,员工的绩效记录滞后于员工行为,企业无法实时了解员工信息。 此外,由于资金支付造成资金占用问题,造成企业资金配置效率降低,而利用区块链技术支持的系统可以实时记录企业员工薪资记录与支付情况,只要员工或者主管的一端信息发生改变,那么整个系统中与信息有关的数据都会随之更改,有效解决了信息难以同步更新的问题。 信息的及时更新,一方面,可以实时了解企业员工的工作绩效,合理安排员工工作时间,提高企业员工对企业的忠诚度;另一方面,可以实时记录企业员工薪资以及企业资金占用情况,方便企业财务人员实时查看企业净资产。 而职链平台依托区块链技术,将企业与员工进行信息聚合、数据共享，实现支付信息实时同步，可以最大限度帮助企业提高运营效率与资金管理效率。

4. 资金有效管理

由于支付清算手续烦琐、效率低下，清算周期较长，资金在整个流程不能得到有效的配置监管，资金利用率低。通过区块链技术，资金的转账时间是以秒来计算而不再是以天甚至是月来计算，资金占用率降低，可以更好地配置资金，提高使用效率。此外，在税负测算方面，区块链可以为企业实时测算员工个人所得税税负，方便企业扣缴员工的个人所得税，同时，为了减轻员工和公司的税负负担，系统会自动计算出最低税负的实施办法，保障企业和员工在合法化的基础上实现税收负担最小化。在税收方面，不少线上平台提出了解决方案，以职链为例，它通过帮助员工转变收入性质，将通过职链平台发放的部分按照经营所得进行完税，降低员工税负。同时在企业纳税方面，职链通过透视行业痛点，全面解析国家政策，解构企业初始期、成长期、资本运作、传承等发展阶段的涉税场景，优化企业的财税管理。

资金管理与税负管理体系，一方面简化了企业员工工资发放的程序，提高了公司的运营效率，同时提高了公司在工资支付方面的准确性与可靠性，降低了公司与员工的财务负担。

## 二、区块链：保障支付环节

以前我们在工资支付以及电商交易中，常需要通过银行等第三方交易平台支付等才能完成交易。有了区块链技术加持，能够弱化第三方交易平台的影响，进而有效地消除中间商，简化买家卖家双方的合约关系，使得支付速度更快，效率和透明度更高。

此外，区块链不可篡改的特性记录交易数据，也为交易双方提供了信任安全保障。传统产业链金融风控的痛点在于企业配合力不足、产业链流程中的信息流、物流和资金流信息失真等问题，伴随着智能风控的应用，通过大数据、人工智能实现产业链金融更加透明，大规模协同更容易。再加上区块链技术应用加持，其分布式数据存储、点对点传输、共识机制、加密算法等计算机技术特性，能优化大数据智能风控领域的数据质量、促进数据合规流通，为大数据和人工智能提供更合规、更高质量的数据，在提高产业链可追溯性和安全性的同时，也使整个产业链更加的透明化，促进信任构建，进一步实现产业链金融智能风控。

区块链通过共识记账机制借助其所记录信息的不可篡改性，像在债务处置赋强业务中，区块链可以提前固化借贷业务过程中的电子证据，智能合约在事务逻辑的自动化处理方面，可以明确事务可预期的处理流程，替代某些业务中介，有助于资产确权，与实际的资金账本间的对账。

而交易支付环节中，在区块链上，交易双方之间的交易内容以及相关任何详细信息都被记录在智能合约上，通过买方与卖方的电子签名进行全网验证，将所有的信息进行公开，保障数据信息的透明性，因此每一笔交易都对所有节点可见，如果全网加密记录一致，则这条数据有效，进而会上传到网络中达到信息共享。由于节点与节点之间是去信任的，因此节点之间无须公开身份，每个参与的节点都是匿名的。这也保障了交易信息的安全，不会被泄露。

"区块链+支付"的结合，能够为支付行业提供高效、安全、低成本的解决方案。我们知道区块链技术的核心理念在于去中心。较之于传统货币，在发行机制和线上交易流通而言，区块链数字货币支付去除了发行主体的国家和线上交易对额中心服务器。前者有着国家政权和中心服务器的安全问题，一旦中心被攻击，那后果极为严重。面对"中心"存在的安全隐患，区块链技术可以说是一个很好的解决方式。

# 第十一章 管理模块

## 第一节 什么是管理?

管理是指一定组织中的管理者,通过实施计划、组织、领导、协调、控制等职能来协调他人的活动,使别人同自己一起实现既定目标的活动过程,是人类各种组织活动中最普通和最重要的一种活动。

人力资源管理是企业管理的一个重要模块,是指企业针对员工的招聘、入职、培训、工作行为等的管理过程。概括地说,它是为了实现企业战略管理目标,通过一整套科学有效的方法,对企业全体人员进行的管理。企业员工构成企业日常经营管理活动的基础性因素,因此企业用工管理是企业管理中极为重要的组成部分。

随着经济快速发展,目前社会上劳动用工的形式也愈加多样化和规范化。灵活用工将成为中国人力资源服务模式最大产业,近年来,由于成本压力的增加,促使企业加快了改变用工模式的步伐,以确保企业的良性发展,如好活、米仓科技灵活用工平台等。灵活用工的应用能够更好地整合企业资源管理,提高劳工的工作效率,更好地提高企业经济效益。因此企业通过不断优化自己的人力资源体系与人力资源管理过程,可以提高企业自身的经营效率以及企业的经济效益。

## 第二节 企业用工管理的实现

### 一、入职

#### 1. 入职软件

在传统入职方式下,新员工加入公司后,需要自主持相关证件及信息办理入职手续,参加入职流程以及了解公司及所在岗位的工作情况,这对公司来说需要消耗大量时间与人力物力资源,成本较高。入职软件就是将新员工入职作为切入点,帮助新员工实现自动入职。在该软件平台中,公司有关的信息均会保存在指定位置,员工入职后,系统会自动推送给员工,帮助员工了解公司,尽快融入公司与投入工作。此外,平台上会设立一个时间表,员工可以直接浏览自己的时间表,明晰在指定时间与指定地点所要完成的任务,针对员工在完成任务中遇到的问题,系统会提供答疑页面,员工可以直接输入自己的疑问,保证在最短的时间内得到最有效的解答。

入职软件就是帮助公司实现新员工入职自动化与程序化,帮助员工以最快的速度最全面地了解公司各个方面的信息,尽快投入工作,助力于员工在公司中找到归属感,提高员工对公司的满意度与忠诚度,降低员工的离职率,提高公司人力资源管理效率,减少人员管理成本。

#### 2. 入职流程

按照《劳动合同法》的规定,新员工入职必须按照一定的入职流程，目前主要分为六大步骤：入职准备、员工报到、手续办理、入职培训、转正评估以及入职结束。

在入职准备方面，首先，公司人力资源部门向拟聘用者发送确认录用通知，通知包括新员工报到日期、报道流程以及注意事项。其次，将新员工的情况以及具体报道日期发送给人力资源部门，人事助理准备好新员工入职手续办理所需表单并落实各项相关工作，包括员工岗位安排，必要办公用品的发放等；在入职报到方面，人力中心向新员工发放《新员工报到工作单》，要求新员工提供资历文件以及体检合格证明等，带领新员工参观熟悉公司整体情况，并介绍岗位信息，将新员工移交给用人部门；在入职手续办理方面，按照《新员工入职手续清单》逐项办理入职手续。最后，与员工签订劳动合同、保密协议、职位说明书，并建立员工档案；在入职培训方面，企业会安排一场系统的新员工培训，包括相关职业技能培训以及工作流程解析。此外，公司还要不定期举行企业发展历程、企业文化、各部门职能与关系等方面的培训。

若企业针对新员工招聘会设立试用期，那么在试用期结束后，企业人力资源部门要对新员工进行转正评估，合格的员工即可作为正式员工在公司继续工作。入职相关工作结束后，新员工可签署《新员工报到工作单》，归档人力中心。

通过以上阐述，可以清楚地发现企业新员工入职是一个十分烦琐且复杂的步骤，需要处理各种文件以及合理调配相关人员。但是入职流程对于公司和员工来说却是必要的，通过入职的各个阶段，员工可以更加全面具体地了解公司，与同事处理好人际关系，提高新员工的归属感和满意感，降低新员工的离职率。

因此，传统繁杂的入职流程，不仅会降低企业用人效率，还会提高管理成本。目前灵活用工是一种全新的企业人力资源管理模式，以米仓科技为例，其运用人工智能技术，智能安排寻工者对口工作，将企业与员工之间的雇佣关系转化为合作关系，实现降本增效转型升级。

3. 入职培训

入职培训,是企业为了帮助新入职员工了解公司基本状况以及所在岗位的工作信息而进行的一种培训活动,目的是使员工适应公司新环境,尽快投入到工作当中。

入职培训的内容主要包括八个方面:一是缘起历史介绍企业文化,包括使命、愿景、价值观;二是介绍公司必要的规章制度和岗位工作内容;三是介绍企业内部的组织结构、各部门之间的关系以及服务协调网络;四是业务培训,包括员工岗位必要的技能指导与业务要求规范;五是介绍企业的经营范围、主要产品、市场定位、目标顾客、竞争环境等;六是介绍企业的安全措施,训练员工做好工作的安全防护;七是明晰未来,传递企业发展战略及方向;八是介绍企业对员工仪容仪表、行为举止的规范。

企业进行新员工入职培训的目的,主要是为了让员工快速掌握公司岗位情况,帮助新员工尽快熟悉工作环境,从而降低企业的启动成本。在培训过程中,还能帮助新员工学习组织的价值观、企业文化,培养员工对公司的认同感、归属感。

4. 激励制度

激励是企业为了让新员工尽快适应角色,完成工作所采取的一种手段。通常在新员工入职初期,企业会为新员工举办欢迎会,员工领导以及相关人员会主动接触新员工,通过各种方式帮助新员工熟悉工作流程与公司情况,让新员工从一开始就有一种与新雇主相处融洽的感觉,并以此帮助他们长期保持在公司头几天的高涨积极性。

## 二、数字化员工档案

1. 数据储存库

数据储存库,是企业人力资源数据存储的一个系统,企业所有员工的人事数据均存储在中央数据存储库中。在数据库中，员工的信息以数字员工档案的形式存储。数字员工档案存储了与特定员工有关的就业相关数据，虽然这些数据没有法律上的定义，但人力资源经理通常会决定哪些内容与员工的服务、合同、职业、生活和工作中的健康有关，这些内容合在一起被称为数字员工档案。企业利用数字员工档案管理员工数据信息，方便企业随时查找调用员工信息。

2. 数据管理

关于员工档案的数据管理，员工档案可以按照时间顺序、文件类型、部门或使用任何与公司相关的有意义的结构来组织人事档案。但是无论采用什么形式组织文件，一定要为档案起一个合适的名字，让人力资源部门以一种在整个组织中都有意义的方式来组织文件。

而在中央数据库中，可以创建对组织有意义的文件结构，并将信息分门别类地存储。例如，像公共档案这样的部分，将包括员工的姓名和电子邮件地址。像个人数据的部分可能包括员工的出生国家和个人资料，而工资数据将包括工资记录、税收类别等。同时企业可以设立数据存储访问权限，针对员工数字化信息档案分配专门人员进行系统管理，以保证对数据库被合规恰当的管理。

3. 数据更新与保护

企业员工的所有数据都存储在一个地方，并且这些数据关乎公司未来的发展，因此应该对这些文件进行定期的更新与保护。利用数字化员工档案，企业员工的信息可以实时进行更新，比如员工请假、加班、缺勤等均可以由系统实时更新，并且与员工有关的信息可以申请开通权限，由员工进行自主更新。这样就节约了数据库管理人员的大量时间与精力，进行逐一数据更新管理，同时系统会自动识别异常数据，及时更正不正确的信息。此外，由于企业设立了员工访问权限，一定程度上可以保障员工数字档案信息的安全性，降低了被黑客盗取信息的风险。

4. 数据分析

利用中央数据存储系统，将所有员工档案存储在一起，员工的所有数据可以横向或者纵向直接提取，这使得人力资源人员可以清晰地看到关于所有员工的某项数据，并对其相关数据进行量化与可视化分析。通过数据库内置系统直接对数据进行分析，可以提高对员工的管理效率，降低对数据维护的成本，提高公司的运营效率。

## 三、缺勤管理

1. 考勤系统

企业考勤系统可以将员工的考勤情况清晰地记录在系统中，让公司的缺勤管理更加简单，员工和经理可以在缺勤管理软件中输入所需的休假和缺勤时间。当有新的输入时，人力资源部门的员工会立刻接收到通知并对通知内容作出反应。考勤系统可以帮助员工和经理自主规划他们的缺勤，同时考勤系统可以帮助员工进行无纸化管理考勤，并有时间专注于更重要的任务，这样可以提高企业运行效率。

2. 休假申请

在休假计划器的日历视图中，员工可以看到同事什么时候缺席，缺席原因是什么，比如在家里办公、休假、生病等，这样可以帮助员工更好地制订相应的休假计划。如果几个人想在同一时间段内请假，缺勤管理工具可以帮助协调，特别是在客户服务等部门，随时保证足够的人员可用尤为重要。如果用便签纸进行管理，甚至只靠自己的记忆力，很快就会出现麻烦。

利用考勤系统的功能，员工若想要申请假期，只需要在平台中填写对应的表格，阐述相关情况，并且发送给经理审核，经理根据员工的填写情况决定是否审批通过。这种在线申请方式可以帮助公司节省多达 80% 的休假申请工作量，让员工有精力做更重要的工作。

3. 假期计算

利用传统手动方式计算员工的假期，不仅容易出现错乱，而且十分耗费精力。但是利用考勤软件可以根据员工请假、缺勤以及休假的时间，自动为员工计算假期，不仅方便快捷，而且准确无误。同时若员工在某天突然请假，系统会根据员工的缺勤情况自动为员工减少假期，实现员工假期计算的实时更新。

4. 病假通知

若员工想要请病假，也可以直接在系统中填写证明，智能休假计划器会及时提醒员工提交医疗证明，员工只要填写基本信息，上传医疗证明并提交，人力资源部门和主管都可以查看审批。忘记提交证明的员工会在仪表盘上看到一个未完成的待办事项。通过使用缺勤管理软件，人力资源员工不必为了员工的病假去亲自追寻医疗证明等相关证件，这将使公司的缺勤管理变得更容易。

## 四、考勤追踪

1. 工作时间安排与管理

利用考勤管理软件，主管可以直接通过系统发布任务，节省了主管亲自联系员工并分配任务的时间。当通知发布后，系统会自动提醒员工，并且会根据工作任务以及员工的工作安排，为员工安排具体完成工作的时间。当员工在一定时间内没有完成任务时，系统会提醒员工待办事项，任务完成后，完成的工作会自动发送给主管进行审核。员工所有的工作安排均是由系统自动安排完成的，解决了员工因事务繁忙导致遗忘某项工作的问题，提高了公司的运营效率。

## 2. 加班薪酬计算

该软件包括一个加班计算器，它能自动将加班时间转移到工资计算中，平均和最大允许工作时间将被监控，如果超过限制，经理和员工都会得到提醒。加班和额外的工作都需要得到补偿，可以是经济上的补偿，也可以是休息时间的补偿。每份工作合同中都应该有这方面的规定，考勤跟踪系统会自动适用。

## 3. 休假权益计算

在传统方式下，员工的休假时间是由人工手动计算出来的，不仅非常费力，而且会导致错误，特别是在员工流动率较高或有全职和兼职员工的大型公司。而利用考勤追踪软件可以自动计算休假时间，并且确保效率和法律合规性。系统能计算每一个工作时间安排的应享权利，并随时显示剩余的休假天数。

## 4. 工作地点追踪

利用考勤系统，员工可以实现远程办公，系统会自动记录他们的工作时间，并且与网络同步，这样人力资源部门和管理人员可以实时了解每个人的工作量。并且一旦记录的时间与网络应用同步，它们就会被安全地在线存储，以防发生任何意外情况，比如员工丢失智能手机。员工可以在闲暇时使用工时应用来管理工作时间，无论是在办公室还是在家里办公。

考勤系统会自动记录员工"工作开始""工作结束"和"工作地点"等参数，工时应用可以利用员工智能手机上的位置服务，自动捕捉员工的工作时间。到达和离开特定地点都会被记录下来，并被记录为一天工作的开始或结束。累积的小时数会被输入到一个中央考勤追踪系统中，人力资源经理和员工都可以查看历史记录。

## 5. 考勤报告

根据系统记录的员工每个月的工作状况基本信息，包括工作时长与工作质量，系统会在特定日期导出员工每月的工作报告。为了更方便管理人员查看员工的工作情况，可以生成月末或年末的出勤率和缺勤率、病假、每周工作时间和休假天数的概览。此外，为了更清晰地呈现出员工的工作情况，可以创建一个电子表格或图形分析，呈现在导出的报告中。

## 第三节 痛点

### 一、不同环节数据难以实现共享

利用考勤软件进行员工工作数据记录的一大弊端就是容易形成数据壁垒。比如员工同时进行几项工作，每一项工作系统都会记录员工的工作时长与工作完成情况，但是员工的综合表现包括工作的综合情况并不能立刻展现出来，很可能出现员工一项工作完成得很好但另一项工作不太理想的状况，此时系统无法准确记录，造成了数据孤岛。

### 二、数据难以实现快速同步更新

系统记录员工的工作时间是以员工完成工作并且在系统上提交为基准的，但是很有可能出现员工完成了工作但是并没有及时上传，造成了系统记录偏差。系统只能机械地提醒员工完成工作，但是工作完成情况由员工自主决定，员工数据的更新本质上还是在员工端，系统无法实现自主更新。

### 三、数据真实性难以辨别

既然员工的相关数据由员工与主管掌握，那么就存在数据不真实的可能性。在员工端，员工可以自主选择时间与工作状况，员工可能为了自己的工作绩效虚构工作状况；而在主管端，主管一方面不知道员工的具体工作情况，另一方面可以勾结员工随意更改数据。这样系统记录的内容真实性将大大降低，由此带来的工作状况表格信息的真实性也不能完全保证。

## 四、管理成本较高

利用考勤系统进行员工工作状况的管理，虽然一定程度上能够降低企业对于公司员工管理的成本。但是一方面由于数据真实性难以保障，导致公司不了解员工的真实情况，造成公司管理隐形成本的提高；另一方面，考勤系统需要定期升级、更新与维护，这需要花费大量财力。显性成本与隐形成本的结合，会降低公司的运营效率，甚至带来更为严重的后果。

## 第四节 区块链：赋能管理环节

### 一、如何赋能？

1. 电子签章：破解签章真伪难题

目前，行业里普遍存在着电子印章制发与传统印章信息不对以致无法正确识别等问题，而区块链助力电子印章的发展，可以统一印章的使用，解决这一难题。同时区块链电子印章由于本身所具有的可追溯与不可篡改的特征，可以保证签章的真实性与可靠性，彻底杜绝"萝卜章"的风险。

2. 电子合同：传统合同的电子化与可信化

传统的纸质合同很难再满足商务需求，而且普通电子合同又存在易篡改、虚假性的风险，而区块链助力电子合同，其提供了身份认证、数字证书、电子签名与时间戳等服务，一方面保证了结果的不可篡改性，另一方面合同签署双方身份能够通过技术进行确认，保证合同主体真实可信，签署行为真实有效。

3. 智能合约：业务自动化与信任透明化

智能合约是一种区别于传统合同的以电子化数据信息方式传播、执行的计算机协议。具有四大特征：一是确定性，因为智能合约是通过编码成为机器语言的，所以合约的内容必须是确定的。二是支持账户模型，智能合约有自己的状态，可以保管区块链上的资产。三是透明性，智能合约内容被分布式部署在区块链上，在区块链的每一个节点均可以检查智能合约的机器语言，进而了解智能合约的内容。四是可溯源性，由于智能合约的所有交互都是通过区块链上的签名消息进行的，因此所有区块链网络节点都可以追溯经过加密的智能合约的操作。智能合约的应用保证业务的自动化与透明化。

4. 交叉核验：确保数据安全完整与真实可信

交叉核验是利用不同业务平台系统的关于同一个工作任务的信息进行互相验证，通过工作的基本信息是否一致匹配，能够从本质上验证信息的真实性，当出现信息异常时，系统会自动识别异常信息进行分析，并提示工作人员核对，保证数据真实可信。

5. 数字身份：实现可信数据的主要途径

基于区块链的数字身份，采用了非对称加密算法对用户的身份属性信息进行加密，并将哈希摘要值存储在区块链账本中，供其他节点来验证用户的身份。根据有关第三方机构的参与，当前主流的区块链数字身份主要分为两类：一是去中心化可信身份。这种可信身份与传统数字身份运行机制一样，但是用户身份凭证不再存储在任何中心化机构的数据库中，而是存储在由所有参与节点共同维护的分布式账本中，这保证了用户身份数据的完整性和安全性，有效地规避了中心化存储方式带来的身份信息泄露、盗用、篡改和欺诈等风险。二是自主主权身份。无须任何第三方机构参与，用户身份信息由用户自己保存，从根本上消除了身份窃取和泄露的可能性。利用非对称加密等机制，用户可以根据实际需要有选择性地公开身份信息，甚至隐藏自己的身份。这有效地保障了用户身份的隐私安全，使用户对自己的身份拥有绝对的使用权和控制权，提供了一种新型的信任传递和数据交换框架。

## 二、区块链：革新管理环节

区块链技术被认为是新一轮产业革命和技术变革的核心技术之一，是继蒸汽机、电力和互联网之后的颠覆性创新，作为建立信任的机器，改变了价值传递的方式，革新了公司的管理流程。利用区块链的分布式账本，可以让企业的管理去中心化。假如整个公司就是一个区块链上的大账本，每个人都是这个大账本上的一个节点，所有公司的支出和收入，都会被记录下来，并且每个人都能够知道，就能避免在账务上的作假，以及高层对公司运营情况有所隐瞒行为的发生。每个人都可以根据公司真实的运营情况，反映出自己的意见和建议，就会大大弱化中心化集权或由某个人进行主导所导致的将公司引导向错误方向的风险。此外，区块链技术具有数据完整性和可追溯性的特点，它的应用有助于降低企业的对账成本，从根本上优化企业的管理流程，节省企业管理时间，提高了员工管理的效率，促使企业相关人员更加了解员工的真实情况，及时反馈，纠正问题，有利于提高企业的运营效率，降低企业的离职率，进而在市场中取得竞争优势。

以米仓科技为例，它运用区块链技术，实行劳动供给方、需求方的上链赋能，采用新经济新模式新技术，以科技为驱动，进行大数据分析，数字资产存证，智能合约交易，批量支付结算，数字货币加密的业务，实现社保方和劳动者之间的信息共融和交汇，分清灵活用工下劳动者的责任归属方，解决以往的社保难问题。

# 第十二章 发展模块

## 第一节 什么是发展？

发展是一个哲学名词，指事物由小到大、由简到繁、由低级到高级、由旧物质到新物质的不断向前变化的过程，其根源是事物的内部矛盾。企业发展是指企业在面对未来未知环境的情况下，不断调整自己的战略和目标，使企业得以进一步运行，实现企业目标。

企业招聘员工为企业提供劳务，同时采取各种方式培训、管理员工，其目的就是提高企业的运营效率，实现企业的快速发展。

## 第二节 传统发展的实现

在信息化普及之前，传统企业多采用大规模生产的流水线式作业，企业有严格的等级制度，员工的主要任务就是完成好特定的任务，员工只需要做好本职工作，不用了解公司大的发展目标。此外，在卖方市场上，企业主要通过生产制造满足消费者的需求，进而实现盈利。

而在互联网技术下，企业通过"人力上云"实现员工管理。人力上云是指以互联网为基础进行人力资源基础设施、管理、业务等方面应用，并通过互联网与云计算手段连接社会化资源、共享服务及能力的过程。利用平台进行人力资源的管理、协调服务，可以轻松进行人事规划、招聘、培训、绩效、薪酬和劳动关系等服务，降低企业人力资源管理成本，提高企业运营效率，进而促进企业发展。

用友就是"人力上云"应用的一个体现，其通过自建云服务或通过一些"云组织"的基础服务商，实现业务流、人才流、资金流等的在线化、网络化、智能化。服务商提供 IaaS、PaaS 和 SaaS 服务，其中，SaaS 服务体量最大。SaaS 领域经过了专业化发展的阶段，已经进入了行业化发展的阶段，即一个集成化的 SaaS 服务商为企业提供"人力上云"的一体化服务，集成化的 SaaS 服务商有条件去推动"三化"。

## 一、绩效

### 1. KPI 及绩效管理软件

KPI，即关键绩效指标，用于衡量工作人员工作绩效表现的量化指标，是绩效计划的重要组成部分。建立明确的切实可行的 KPI 体系，是做好绩效管理的关键。

绩效管理软件就是记录员工的工作状况，进而分析员工的工作表现的一个平台。企业通常会将绩效管理软件内置在员工管理平台，以 Personio 为例，平台通过员工绩效管理软件，定时评估员工的工作状况，并将数据存储在中央数据库中，根据表现对员工工作做出反馈。此外，通过使用绩效管理软件，主管可以为员工制定绩效管理目标，并与员工共同确定目标协议，作为绩效考核的一部分,并且员工的发展变化清晰可见。绩效管理软件的使用,使企业可以更加了解员工,员工可以得到更好的反馈,进而修正工作状况,提高企业人力资源管理的效率。

2. 薪资和晋升机制

在以往情况下,公司对企业职工的绩效、管理、监控有时受制于技术难题,往往不能全面了解企业劳动者的工作进度和努力程度。使用本地 HR 软件,公司的 IT 部门必须完成很多工作,这无疑会增加企业成本。而基于云的人力资源软件提供了个性化的方法,使管理者可以选择管理员工所需的功能。随着组织变得越来越活跃,这还将帮助管理者根据更改来改善组织的 HR 操作。定制可以在软件提供商的支持下轻松完成。

企业员工的薪资,尤其是奖金与员工自身的工作绩效息息相关。在绩效管理软件中,系统会自动记录员工的工作情况并形成量化的指标分数,该分数会在工资结算中自动转化为对应数量的奖金,生成与其他月份的薪资对比图反馈给员工,一方面避免了因人数众多工资计算混乱的问题,另一方面提醒员工根据自己的薪资情况及时调整自身工作状态。此外,系统会将员工的情况自动记录在员工的数字人事档案中。在员工端,员工可以直接查看自己当月的工作薪资构成,并且根据系统分析情况,为下月更好的绩效做出调整;在主管端,部门主管可以查看本部门所有员工的薪资构成情况,系统会给出员工的发展建议,主管可以结合系统的建议进行决策,确定晋升员工。这样所有员工的工作表现都可以由定性转化为定量,每一个量化的指标都得到一个清晰可见的结果。

## 二、意见反馈

1. 反馈参与

随着时代的发展,员工之于企业不再只是完成任务的"工具人"。为了激发出员工的潜能使之更好地为企业服务，企业需要形成一个员工与领导层之间的双向交流机制。领导层向员工发布任务，与此同时也需要对员工完成的工作给予一定的评价，使员工感受到自己的工作被重视，进而提高在企业的归属感。

反馈参与是企业助力员工高效工作的前提，员工得到恰当的反馈，参与工作任务的筹划与工作流程的优化，可以让员工获得更高的成就感，同时根据领导层的反馈，员工也可以更加了解自身工作状况，在不擅长的领域做更多的努力，达到多方面共同发展的目的。这不仅发展员工自身的能力，与此同时为企业高效工作提供了基础，在内部取得更大的优势。

2. 反馈流程

反馈不是一次性的任务，而是一种持续性的工作过程。针对每个员工的工作反馈，首先，主管应该根据绩效管理软件反映的信息以及日常观察等分析员工的表现，形成一个完整的反馈意见。其次，主管应该组织员工进行集中的反馈会议，或者单独与个别员工进行反馈；再次，在反馈过程中，主管应该说明员工在过去一段时间的工作表现以及工作成就，分析其工作中的不足，指出应该改正的方面，并且针对个人情况为员工下一阶段发展制定目标；最后，主管应该询问员工的意见，包括员工在工作中遇到的问题与困惑，及时给予解答。通过反馈流程的实施，可以增加员工和管理层的互动，促进员工与企业双向沟通。

3. 反馈收集

在反馈收集方面，由于绩效管理软件的使用，员工所有的绩效信息全部集于一个系统中，包括员工过去一段时间的工作表现、工作结果以及下一阶段的目标等。主管可以直接查看系统中员工的绩效表现，并形成绩效表格。

4. 反馈会议

在反馈的一切材料都准备好之后，部门应该集中举办反馈会议。由于该会议是关乎部门所有成员的发展问题，所以要尽量保障所有人按时参加会议，系统会根据部门员工的工作任务量以及其他安排合理设计反馈会议的时间和地点，并且为了保障反馈会议达到预期效果，系统需要提醒主管以及相关人员准备好相应的资料，按期举办会议。

5. 反馈系统

反馈系统是针对员工反馈机制而设立的一种特殊的系统，为了保障员工反馈的无限循环进行，系统设立访问权限，即系统会根据每个员工的工作范围为员工设立专属工作权限，员工只能通过系统查收到与自己工作内容有关的信息，这样一方面可以有效地防止数据泄露造成的风险问题，另一方面，可以保证员工快速、轻松地访问到他们所需的信息，无须因为搜索信息而花费大量时间，提高员工的工作效率。在交流方面，反馈系统可以起到控制信息流的作用，如果没有任何措施控制信息的传输，那么主管和员工就会不断接收到来自其他人的信息，难以有条理地整理回复，而通过访问权限的设置，每位员工只能在特定时间发出消息，保证信息是以均匀的速度在员工之间交换，提高信息传递的效率。

6. 员工自助监督

反馈系统的应用可以实现员工自助服务，在人员管理方面，员工可以直接查看缺勤人员数据和工作时间，根据系统记录进行实时更新，这种方式可以确保透明性，同时每位员工根据自己的实际情况自主更新数据，减少"行政来回"，主管只需在系统审批更新，而人力资源经理可以处理更高级别的任务，大大提高了工作效率。此外，通过系统数据的更新，员工的工资单、请假条等随时可获取，人力资源分配个人雇员或部门的访问权，并定义谁被允许上传文档、查看或编辑哪些数据。在保证信息安全性的同时，做到员工数据公开透明化。

7. 分析与报告

公司若想保持持续的竞争力，就需要迅速做出明智的决定，但是达到这一目标，只有在数据集中且全面的情况下才可以。人力资源报告软件会集中统计公司内所有员工的信息，同时为了一目了然地分析信息，可以将信息进行统计学分析，比如可视化以及时间序列分析等。若想要具体地了解某一项内容，系统也可以自动提取相关信息进行具体分析，这样全面又细致地进行信息分析，可以帮助公司为人事流程以及劳动力规划做出明智的决定。

## 第三节 痛点

### 一、信息透明度较低

利用传统的绩效管理系统以及反馈系统进行员工相关数据收集，为了保障员工隐私，特别设定访问权限，且员工数据只能由指定人员填写，这样收集的数据信息透明度较低。由于员工可以自主进行数据填写或者由相关人员进行数据填写，此时数据完全由人为控制，所以不可避免地存在数据不真实的问题，比如员工为了提高自己的工作绩效，故意在填写数据时做出一定的修改，而且因为系统是机械化的，无法验证数据的真实性，从而造成信息偏差。因此，若每个人都不完全真实填写个人数据，那么系统中的数据价值将大大降低，公司可能因此会做出错误的判断导致更加严重的后果。

### 二、不同环节间的数据共享性较低

为了方便公司人力资源的管理，公司在管理的各个环节均设立了相应的软件系统，比如绩效管理系统考察员工的绩效水平，反馈系统保障反馈工作的正常进行，这样就造成了不同环节的数据分别存储在不同的系统中，公司无法直接获取所有数据的集合体，而且不同环节的数据难以共享,降低了信息的质量,增加了信息管理的难度,比如针对同一位员工或者同一项工作的信息在不同系统中出现矛盾,这就需要相关人员再次进行核查,拉长了数据管理过程,导致公司信息价值降低。

### 三、数据管理成本较高

利用多种不同的软件进行数据管理,一方面,为了保护系统中的数据不受侵犯,企业需要定期寻找专业人员对系统进行更新与维护,这需要消耗大量的管理费用;另一方面,由于系统本身的智能化不够完善,只能被动地接受外界数据,所以当系统中的数据出现矛盾时,企业相关人员需要花费大量时间逐一进行排查核对,这不仅降低了员工的工作效率,加大了员工的工作量,同时也给企业的财力物力造成重大损失。

## 第四节 区块链:赋能发展环节

### 一、如何赋能?

1. 数据共享

对于公司内部而言,由于不同部门以及不同业务会使用不同的数据库软件,就造成了部门之间的数据孤岛,数据孤岛的存在严重制约了数据价值的释放,给公司治理带来极大的不便。随着行业的发展,数据共享越来越成为主流,但是数据只有被安全共享才可以拥有"生命"。如何在保护数据隐私的前提下通过技术手段打通数据壁垒,让数据从"沉睡"中"醒来",充分发挥数据的价值,从而构建分布式协作的产业互联网助力数字经济建设至关重要。

在传统数据共享模式下,各个数据方需要将各自的数据汇集到一个数据中心,数据中心的存在使得数据方之间的关系变得难以平等，不平等的存在自然就涉及严重的数据沉淀、利益分配以及数据隐私的问题。此外，由于数据安全问题无法保障，数据提供方往往不愿意、也不敢将各自数据及时汇总到数据中心。区块链带来的多方监管、基于智能合约的激励机制以及密码学等技术为数据共享带来了一种新的去中心化的解决方案。

利用区块链技术实现数据共享，本质上将数据中心控制的权限共享，由于不再存在数据中心，所以就是数据控制权限的共享，即数据的修改和增加的权力，它主要包含两个含义：一是谁可以进行数据的修改；二是修改的方式。在互联网模式下，普通人若想对数据进行编辑必须进行身份验证，只有经过身份验证的人才能对数据进行修改。而在区块链模式下，尤其是公有链体系下，每一个人都可以对数据进行修改，并且以分布式账本的方式构建了一个去信任的系统，不管读写的个体之间是否存在利益关系，是否互相信任，只要有系统的存在就会保证所有的信息都是可信任的，进而对系统存储的数据状态达成共识，保证了数据的安全性。

以用友人力云平台为例，其采用大数据、云计算等先进技术，同时支持私有化部署和公有云部署，来面向人力资源分析场景的全分析服务解决方案。支持直连数据库和上传客户端进行数据的传输，同时支持结构化和非结构化数据来获取数据。然后通过整个系统和本地数据，对数据进行转换和加载，根据业务逻辑创建相应的数据集来清洗数据。之后运用可视化技术来分析故事板和组合报表，拖拽配置即得人力资源数据分析结果，得到图和复杂报表。运用内置多种数据挖掘算法，使企业发现数据中隐藏的价值来达到数据挖掘的目的。之后进行数据填报，补充分析数据，支持用户自定义表单和审批流，随填随用，便于分析，方便企业选择需求对口的劳动者。一系列的数据技术应用使得企业管理者对数据放心，实现信息共享，打破信息孤岛和不对称，降低了受系统性风险影响的程度，提高了企业人才招聘和管理效率。

2. 数据安全

区块链技术可以有效保护员工信息系统中的数据安全，降低数据被篡改或窃取的风险。在区块链技术中，数字加密技术是数据保护的关键技术之一，加密技术的应用可以保证数据存储以及传输的安全性，有效降低信息泄露的风险。目前常用的加密技术有三种，即 3DES、AES、端到端等。3DES 本质上就是对每一个数据块应用三次 DES 加密算法，即使用两条不同的 56 位的密钥对数据进行三次加密。AES 加密标准是一种较为高级的加密标准，是采用对称分组密码体制，加密数据块和密钥长度可以是 128b、192b、256b 中的任意一个。AES 加密需要经过很多轮的重复变换，主要包括密钥扩展、初始轮、重复论（包括字节间减法运算、行移位、列混合、轮密钥加法运算等）以及最终轮；端到端加密技术就是在数据链路的两端分别进行加密和解密，数据在整个传输过程中均以密文形式存在。因为中间过程没有加密解密的环节，所以保证了数据传输过程的安全性。

简单来说，就是每个人都有专属的私钥，我们利用公钥加密文件生成密文，将密文传给对方，对方用私钥解密得到明文，就能够保障传输内容不被别人看到，这些技术的应用可以有效保障数据传输以及存储安全性。

此外，区块链不可篡改的特性可以有效保障数字信息的安全，防止他人篡改。区块链是去中心化的，网络上的所有节点处于相同的位置，若其中改变了某一个数据，则所有节点都要改变，这种特性的应用保障了区块链数据的安全性与稳定性。

3. 员工互相监督

在区块链网络中，可以有效实现员工的互相监督。利用区块链技术，公司的每一个员工都是区块链中的一个节点，由于区块链不可篡改以及可溯源的特性，网络中关于每一个节点的数据都是真实可信的，而且每一个节点都处于相同的地位，一旦有员工想要篡改数据，系统会立刻做出反应，所有员工的节点均会变化，这样就形成了员工互相监督的机制，有效保障了员工的工作效率。此外，系统会根据员工的工作时间为员工自动记录数据，铲除中间人录入数据的过程，极大地保障了数据的安全性。

## 二、区块链：重构发展环节

在企业内部发展上面，区块链正以加速度重构企业价值网络。企业需要去中心化、更公开透明、企业与员工之间更加互相信任。

企业内部发展与企业激励机制存在直接联系，而区块链技术会颠覆传统企业的激励机制。从内部激励来看，未来的激励方式将会摒弃传统的中心化的方式，以分布式为主流，从滞后性变得更加及时，从主管不精确到客观精确化，从隐匿化到透明化。从外部激励来看，未来的激励方式将会从传统的折扣、积分和返点，过渡到价值共享。换而言之，股东、用户和员工三者关系会从原来的三方博弈转变成三位一体。你的用户可能会成为你的股东，也可能成为你不发工资的员工。总之，区块链技术的应用会从精神层面包括使命愿景价值观，以及从实体层面，包括公司制度以及公司架构全方面改变公司，助力公司发展。

# 第十三章 创新中的创新:全新的支付流转工具

## 第一节 DCEP 的简介

一、什么是 DCEP

DCEP 是中国人民银行的一个数字货币项目,全名称为"Digital Currency Electronic Payment",也就是具有价值特征的数字支付工具。

DCEP 的发行主体是中国人民银行,是官方发布,由国家背书,是法定货币的数字化版本。其发行总量与经济状况、生产力等有关。DCEP 被定义为 M0(流通中的现金),是旧货币的新表达,是目前现金货币的一种虚拟代替。DCEP 可以像现金一样自由流通,并且无须支付利息,具有无限法偿性,不需要账户就能够实现价值转移,满足可控匿名的支付需求。其基础功能包括:(1)法定数字货币的发行;(2)法定数字货币的流通;(3)法定数字货币的管理;(4)法定数字货币的回笼;(5)法定数字货币用于投融资;

（6）法定数字货币用于银行间结算。

前文曾提到过，目前企业薪资支付方式具有成本高、流程复杂、易出错等各种缺陷，区块链技术中点对点直接交易的去中心化模式、不可篡改的数字签名等各种技术的应用将有效保障与简化企业薪酬支付的实现。DCEP就是电子货币与区块链技术的一个结合，未来将广泛应用于货币支付、结算的多个场景。

## 二、DCEP的特点

与DCEP相对应的是传统的法定货币，相比于传统法定货币，DCEP有其独特的优点。

（1）无须依赖第三方机构进行支付：对于DCEP而言，账户有无均可，不需要将账户作为货币的存在环境，"账"与"币"的绑定将被破除。DCEP可同现钞一样，即时支付结算，方便快捷，并且具有可控的匿名性，保障用户隐私安全。

（2）支付网络便捷广阔：DCEP的数字形式能够支持DCEP在多种交易介质和支付渠道上完成交易，具有良好的普适性。凡是目前电子货币能达到的交易网络，DCEP均能达到。

（3）有效解决现有现金的缺陷：第一是"零利率下限"的困扰，现金由于本身的特点导致国家不能利用货币政策将其调节到负利率，因为那样会让社会产生动乱；第二是治理困扰，即现金可能会被用于偷税漏税和非法经济活动；第三是现金存储、发行和处理成本高。而在DCEP环境下，DCEP的保存会收取一定的费用，实质上等同于负利率，避免"零利率下限"困扰；DCEP具有可追踪性，能有效防止偷税漏税以及洗钱等非法活动的发生；DCEP采用了数字化的流通和存储方式，大幅度降低了交易和处理成本。

DCEP与第三方支付（如支付宝、微信支付等）存在一定的相似性：DCEP虽属于货币工具，"断直连"后第三方支付主要是支付工具，但如果DCEP在技术效率和商业拓展上做得足够好，站在用户角度，DCEP与"断直连"后第三方支付可以带来同样体验，即DCEP与"断直连"后第三方支付在应用上有相互替代关系。但同时，它们之间存在着巨大的差别。

（1）来源和类别不同。我国现行对货币层次的划分是：M0：流通中现金；M1：M0＋企业活期存款；M2：M1＋准货币（定期存款＋居民储蓄存款＋其他存款）。根据中国央行所公开的资料，DCEP是为了重点替代M0而非M1和M2，简单而言就是人民币现金的一种新的货币形式，不需要绑定银行卡即可实现直接点对点的支付。而支付宝和微信支付需要绑定银行卡，根据上述分类标准，可看出支付宝和微信支付属于M1（日常头寸部分）和M2（定期存单部分）。

（2）结算机构、法律地位及安全性不同。DCEP是通过央行货币进行结算，属于法偿性货币，任何人不能拒绝接受DCEP，且持有DCEP无任何信用风险。而支付宝和微信支付是用商业银行存款货币进行结算，理论上来讲，商业银行都可能会破产，在破产清算时可能会遭受损失。且目前的私营支付机构或平台会设置各种支付壁垒，会出现类似用支付宝的店铺拒绝接受微信支付的局面。

（3）离线支付情况。在极端条件下，如天灾、地震等情况，网络会被中断，此时支付宝和微信会处于一种冰冻状态，只有网络才能解冻，而DCEP的双离线技术可保证在极端情况下和纸币一样使用，只要手机有电，哪怕整个网络都断了，两个手机碰一碰也能实现转账。

（4）目的不同。央行推出DCEP是为了控制法币地位，将M0的流通掌握在央行手中，巩固货币政策制定和监管的权利，节约发行成本，解决现有M0的一些痛点。而支付宝和微信支付的目的是移动支付。因此，DCEP的推出并不会对支付宝和微信支付的地位产生影响，因为只有支付工具有所变化、功能有所增加，渠道和应用场景并没有改变。

## 三、如何实现DCEP？

1. 技术策略

在技术策略的选择上，DCEP不预设技术路线。

DCEP交易量大，每秒至少30万笔的高并发要求，区块链目前并不能满足其要求。因此，中国人民银行并未采用区块链技术。央行属于DCEP的投放起始点和中心，在记账时不会采取去中心化的区块链技术，而是可能使用基于未花费的交易支出（Unspent Transaction Output）模式的中心化账本，作为中央银行维护的数字货币发行登记系统，无须运行共识算法，不会受区块链性能限制。区块链在整个过程中处于一种辅助地位，只用于数字货币的确权登记。至于商业银行投放给个人和企业、个人和企业之间进行的交易，具体采取集中式记账、还是分布式记账，央行的选择在于商业机构能够满足央行对于并发量、客户体验以及技术规范的要求，无论采取哪种技术路线都可以。

2. 发行设计（图13.1）

由于传统货币难以追踪、同质单一性等特征，传统货币政策始终存在着传导机制不畅、逆周期调控困难、货币"脱实向虚"、货币政策沟通不足等问题。

而DCEP具有可追踪性，这样中央银行就可以实时追踪和监控货币流通信息。此外，DCEP具有可编程性，利用这个特征，央行可以通过"前瞻条件触发"（Forward Contingent）设计，让DCEP很好地解决传导机制不畅、逆周期调控困难、货币"脱实向虚"、政策沟通不足等传统货币政策困境。DCEP两大特性的存在使得这种货币形式会焕发出全新的功能。具体可体现在以下几方面。

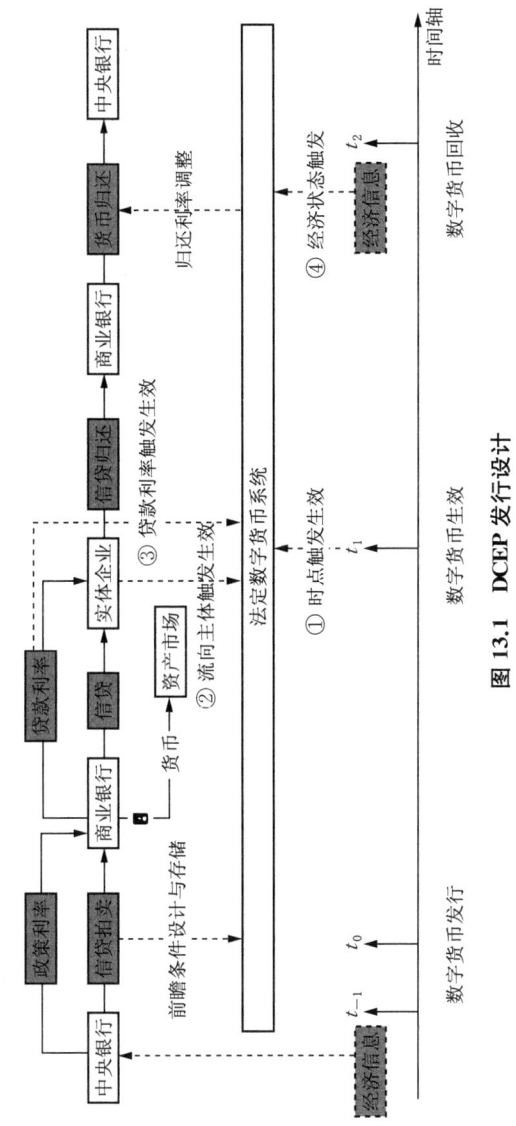

图 13.1 DCEP 发行设计

（1）通过"时点条件触发"（Time Contingent）货币生效设计，减少货币政策传导时滞，并避免货币空转。

（2）通过"流向主体条件触发"（Sector Contingent）货币生效设计，精准定性货币投放，实施结构性货币政策，解决传统货币同质单一性的问题，提高金融服务实体经济能力。

（3）通过"信贷利率条件触发"（Loan Rate Contingent）货币生效设计，实现基准利率向贷款利率的有效实时传导。

（4）通过"经济状态条件触发"（Economic State Contingent）设计，根据宏观经济状态，逆周期调整商业银行对中央银行的资金归还利率，减少商业银行风险特征及其贷款行为的顺周期性，从而实现经济的逆周期调控。

3. 运营体系

我国幅员辽阔，人口众多，各地经济发展等具有较大差异，人民银行发行数字货币将是一个非常复杂的工程，为了应对这种多变性和复杂性，充分利用现有资源来调动和发挥社会力量，DCEP采用了双层的运营架构（图13.2）。

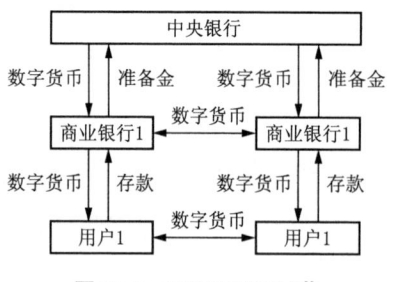

图13.2　DCEP双层运营

在双层运营架构上，上层是央行对商业银行，下层是商业银行对公众。人民银行不会直接对公众发行DCEP，而是通过商业银行这个"中间人"来发行。具体来说，央行按照100%准备金制将央行数字货币兑换给商业银行，再由商业银行将数字货币兑换给公众。

在双层运营体系下，为了给数字货币创建一个安全的存储和使用空间，在央行和商业银行会设立两个发行库，即数字货币发行库、数字货币商业银行库，DCEP 的发行就是基于这两个的银行库。这个存储空间可以分门别类地保存数字货币，一方面可以防止外来人员的非法入侵，另一方面也可以有效预防内部人员未经许可领取货币，同时还能承载一些特殊的功能应用。

双层运营体系的一大特点就是"数字化"操控，利于监管部门开展大数据分析和监管。在 DCEP 的运营框架中，相关机构和用户可以通过认证中心认证自己的身份，并且其信息由央行统一管理，并且利用登记中心记录的 DCEP 以及对应用户身份，完成权属登记；通过记录流水，完成 DCEP 发行、流通、核查及销毁全过程登记。登记中心是全新理念的数字化中心，可以将海量交易信息实时登记入库。这样将有利于开展大数据的整理、监测与分析，有效进行反洗钱侦察，帮助在支付行为分析和监管调控指标分析等方面开展相关工作。

相比较由央行直接向公众发行和承兑数字货币的单层运行结构，双层运行架构主要具有四方面的好处：（1）商业银行间接发行的模式可行性更强，中国国内情况复杂，利用商业银行可以充分考虑到不同的情况；（2）由于目前互联网等各种技术快速发展，商业机构的基础设施较为成熟完善，利用商业银行发行可以充分发挥人才、资源与技术优势，也让商业银行积累了处理货币的经验；（3）双层运营架构有助于风险分担，与 DCEP 发行及处理有关的系统众多，仅依靠央行自身的力量研发并支撑如此庞大的系统，是非常困难的，并且风险过高，利用双层运营架构有利于化解风险；（4）降低银行之间的竞争，通过商业银行发行，商业银行与央行之间由竞争转为合作关系，利于商业银行的发展。

4. 监管情况

DCEP受央行直接管控，所有的账户对央行都是公开的。DCEP在隐私保护上采取前台匿名、后台实名。即个人和企业从商业银行支取DCEP时实名，但在交易环节即脱离商业银行体系，与交易对手之间为匿名交易，但所有DCEP交易在央行端均属实名。因此，不存在实物现金易被伪造、匿名不可控、洗钱等风险。

此外，为降低反洗钱的可能性，人民银行会对DCEP的使用设立等级限制，包括对时间、交易费用、金额的限制。用户会被分为三级，最低级用户是指没有进行身份认证的用户，这类用户只能支付金额较小的货币；较高级用户是指绑定身份证或银行卡，这类用户可以获得更高级别的钱包；最高级用户是指到柜台面签，这类用户可以获得没有限额的钱包。

## 四、DCEP VS 第三方支付

第三方支付对金融领域来说，不仅仅是一个资金的入口，而且还是业务的核心和发展的起点。所谓的第三方支付，就是在企业与银行之间建立一个支付平台，该平台是资金流转的中间渠道，也是企业与银行之间的信用保证，第三方支付是商品流、资金流和信息流对接的交汇点，但是在第三方支付流程中，资金信息和消费信息是分离的。

与电子支付类似，DCEP的应用场景会涉及个人特征识别支付、快捷支付、扫码支付、用户转账等操作。区别于传统电子支付，"双离线技术"的应用使DCEP不需要网络就可以完成价值转移，适用范围更广，小额零售或将成为高频应用场景。

拿跨境支付举例子来说明第三方支付与DCEP的不同：

在没有DCEP的情况下，跨境支付的流程是：首先，境内买家向第三方支付公司支付人民币；其次，第三方支付公司向合作银行汇款；再次，合作银行向第三方支付公司的海外账户汇款；最后，境外商户与第三方支付公司的海外账户进行人民币结算。

而 DCEP 让人民币跨境交易速度更快，手续费更低：DCEP 的第一层采用的是集中式分账式账本。当一方发出有关转账信息，多方共同写入、认证、打包信息的同时，也能够完成价值的转移。这就减少了过去跨境交易中需要用到的中介机构。再加上分布式银行分类账系统，也让跨境支付清算更加迅速。

### 五、DCEP 的意义

全民数字支付未来可期：中国在区块链应用和数字支付发展方面具备良好的技术条件和市场前景，特别是在电子支付（如支付宝、微信支付等）基础设施、用户基数和运营经验方面优势显著，一旦 DCEP 落地并全面投入市场，相信在两年内中国将在数字支付普及方面取得显著进展。具体来讲，DCEP 的意义在于以下几方面。

1. 基于 DCEP 的跨境支付可促进人民币国际化

DCEP 实现了货币的交易媒介、价值储藏、价值尺度等功能，对于本币价值不稳定、货币超发不受管制、跨境支付不便利的部分欠发达国家而言，有可能是其本国货币的完美替代方案。配合亚投行、开发性金融、"一带一路"倡议等合作机制，DCEP 有可能在欠发达国家成为其正式的流通货币，成为人民币国际化的第一步。此外，通过 DCEP 在这些国家的流通，可以鼓励更多的中资金融机构出境拓展海外业务，也有助于在欠发达国家实现存贷汇各方面普惠金融的覆盖。

2. DCEP 将提升货币供给和货币政策的有效性

一方面，DCEP 可追踪性的信息优势可以帮助监管当局实时监控货币流转方向，全面评估金融风险。DCEP 广泛应用的直接结果就是经济活动的透明程度将显著提高，监管当局能够实时采集交易信息，并且信息可靠性非常强，这将为货币政策和宏观审慎政策提供巨大的数据基础。

另一方面，DCEP有利于货币政策的利率传导。DCEP技术可以帮助用户之间实现"点对点"交易，这可提高市场参与者的资金流动性。DCEP广泛应用后整个市场资金的流动性都会大幅度提高，资金流动性强则会降低利率水平，使利率期限结构更平滑，货币政策利率传导机制更顺畅。

3. DCEP有可能引发金融体系革命

DCEP联合区块链技术，将实现商业银行的所有交易信息均实时记录在区块链的节点上，商业银行在整个运作体系中将被边缘化，而央行作为业务主体参与到商业活动中，颠覆传统金融体系的运作模式，必然会引发一场金融体系革命，未来商业银行的竞争将会更加向差异化方向发展。

4. DCEP会促使商业银行向开放银行转型

开放银行是指在法律和监管保障数据安全性的前提下，实现客户信息系统开放，向已经授权可信第三方服务商及其他合作伙伴等共享数据、算法、交易、流程和其他业务功能的模式，其本质是数据共享，这也意味着今后银行不再仅仅是一个场所，而是一种无处不在的服务。

DCEP的应用能够重塑大数据的基础，提供更丰富的大数据源，有效解决开放银行发展的痛点，加速商业银行向开放银行转型：一方面，DCEP能够解决数据孤岛，提升数据整合水平。目前我国金融领域数据基本分布在政府部门、传统金融机构、第三方机构等部门。同时，银行内部由于不同系统特性不同，数据会存在信息孤岛与难以匹配、统一等问题，而DCEP可基于可追溯账本构建数字货币交易的复杂网络，进入这个网络的数据便全部公开透明，便于整合与分享。另一方面，DCEP能够有效解决技术及数据安全风险问题。开放银行模式使得商业银行与各关联方紧密联系在一起，一定程度上增加了数据泄露的概率。而在DCEP的模式下，国家有一套完整的主权货币流通控制系统，大大降低了数据泄露的风险：发行权掌握在国家手里，验证信息只掌握在商业银行和某些深度受信受管的大型机构，顶部央行只负责调控和发行DCEP，下部负责流通和运营，安全性增强，效率也更高。

5. 私营机构参与DCEP的主要机会在于托管和支付

在DCEP中，中国人民银行不太可能向私营机构开放资产负债表，私营机构参与数字货币发行的机会不大。换言之，私营机构不太可能通过直接向人民银行交纳备付金来换取数字货币。如果DCEP钱包所依托的公私钥应用在普及程度、用户体验和私钥安全管理等方面没有显著提升，将会出现专门的数字货币托管和支付机构，这是私营机构参与DCEP的主要机会。数字货币托管和支付机构将充分整合目前第三方支付机构建立的收单系统。

6. DCEP会深刻改变目前的商业格局

彻底无现金社会、精细化货币投放时代的到来将会是颠覆性的革命。DCEP与金融、零售、社交、旅行等各类商业场景的结合均具有巨大的想象空间。除区块链外，人工智能、深度学习、云计算等技术也可以在DCEP领域得到广泛应用。在发行、支付、认证、安全防卫、数据分析等DCEP的各个流通环节，现有大型金融机构、头部互联网公司均会着力布局，也有可能会成长出针对上述环节的独角兽级别的供应商。例如，针对手机之间进行"双离线"支付的技术实现路径，就值得科技公司进行深度挖掘。

7. DCEP会对信用格局产生影响

DCEP的到来只是信用形态基础性变革的开始。由于信用的作用，当前社会依然保持着以信用关系为基础的经济发展模式。货币形态只是一种价值表现形式，背书的信用是支撑其流通和使用的基础。

首先，从国际信用格局来看，DCEP 会带来国际性的信用时代变革，重构国际信用关系。最具实力、最稳定、最便捷、最安全的法定数字货币，会在未来全球经济中得到更大发展，占据核心位置。未来会有几个主权国家的法定数字货币并存，也许最终会过渡到某个超主权数字货币。美元霸权在一定时期内受到越来越大的挑战，信用资源配置对其不利的局面会逐渐加剧。

其次，对于信用评级创新来讲，很有可能是颠覆性的。由于 DCEP 与主权信用相挂钩，并从价值角度与发行国家的 GDP、财政收入、黄金储备等经济与财富手段建立相应关联，且利用金融科技重塑信用传递交换机制，能够从多个维度解决信息不对称等问题，将是"人类信用进化史上继血亲信用、贵金属信用、央行纸币信用之后的第四个里程碑"。

然后，对于信用评级应用模式来讲，有利于重构社会价值信用体系。金融科技的应用将形成更可靠的信用数据来源，能够深入开发评级模型，把握数字资产定价权，催生新型评级技术及其应用场景，形成多边共信、社会共信、国际共信，提高评级的公正性。并且还能够利用有效结果检验不断提升评级思想和评级技术的科学性、准确性、独立性。

## 8. DCEP 的推进会遵循小步快跑的渐进式思路

首先，虽然手机支付已经非常普及，但少数人群依然不习惯在移动终端进行支付。央行肯定会在一定时间内采取 DCEP、现钞并行的方式，逐步提升 DCEP 的交易比重，完全废除现钞在短期内并不现实。其次，在应用场景上，央行正在开展结合于区块链、电子账户的票据、信用证等封闭场景的流通试点，通过其使用效果积累经验后，再推广至 DCEP。最后，在分发路径上，已明确由少数机构（国有大型银行、阿里、腾讯等互联网巨头）先行试点 DCEP

的分发，预计会采取先试点再推广、先小额再大额、先个人再企业、先境内再境外等原则稳步推进。

### 六、DCEP 的现状

目前，DCEP 正在蓬勃发展当中。

从 2014 年开始，央行成立发行法定数字货币的专门研究小组，论证央行发行法定数字货币的可行性，探讨所需的监管框架或国家数字货币。一直到 2015 年，央行发行数字货币的原型方案完成两轮修订。2016 年再次召开数字货币研讨会，明确了央行发行数字货币的战略目标，数字货币关键技术的主要攻关方向，研究数字货币的多场景应用，争取早日推出央行发行的数字货币。2017 年，央行数字货币研究所正式挂牌，研发方向包括数字货币、金融科技等。

2020 年至今，央行数字货币研究所已经申请了数十个专利。最新一条对外公示的专利名称为"一种数字货币的生成方法及系统"。至此，央行有关数字货币的发行全流程包括生成、流通与回收的专利都已经申请完毕。

2020 年 3 月 24 日《坏球时报》英文版刊文称，中国人民银行距离发行央行数字货币更进了一步。业内人士称，中国人民银行似乎已经完成了主权数字货币基本功能的开发，并正在起草相关法律，为其流通铺平道路。

可以看到，DCEP 正越来越受到国内外广泛重视，该项技术的落地正呼之欲出，未来必将助力人民币国际化。

## 第二节　如何应用 DCEP？

### 一、DCEP 应用在哪个场景？

职链平台上的 DCEP 应用主要用于支付，如薪资发放、结算等。因为不同的人开户银行不同,在这个场景中难免会遇到跨行支付问题,而 DCEP 的应用能够比较好地解决该问题。

传统跨行调款业务现金送款过程,存在重复清分问题和冠字号码信息无法跟踪问题。目前解决的办法就是冠字号码流通系统,而在这种系统中,结算现金流仍独立在外,存在现金交款与支票结算过程分离、缴款和计算过程不同步等问题。具体表现为:一方面,效率低下并且资金交易成本过高,取款商行必须在收到实物货币后,以转账支票方式到当地人行,手工入账付款。而在这个过程中需要 1—2 天时间,支票结算滞后,无法进行日间多场次调款。另一方面,交物付款不同步进行:目前多数都是采用先交货,待验货完毕后再付款,交款和结算过程不同步,本质上是凭借取款商行的信用在做交易,这个过程存在较大的信用风险,操作过程存在改进空间。

而 DCEP 作为支付媒介能够有效解决以上痛点。一方面,可提高结算效率:取款商行用数字货币替代转账支票进行支付,实现准实时结算;另一方面,同步交款和结算:取款商行先发起数字货币条件支付操作,等待交款商行送款完成后,解冻数字货币,同步进行数字货币转移,这个过程通过智能合约控制支付交易执行过程。从而改变现有信用交易的模式,实现实物现金和数字货币同步兑付(图 13.3)。

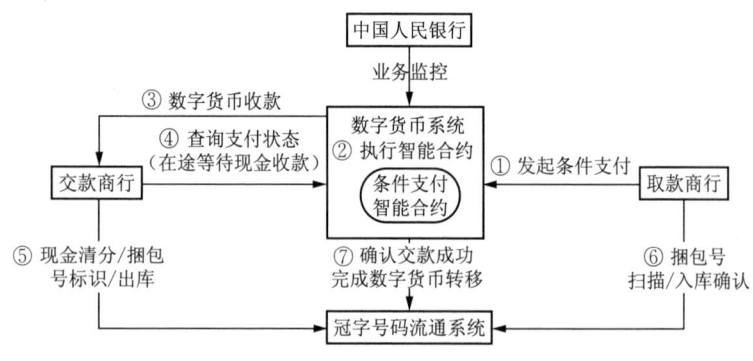

图 13.3 引入 DCEP 的跨行调款

## 二、职链技术架构如何支撑？

DCEP 在职链上的结合是靠节点技术支撑的。在节点经济时代，一个初创型的企业可以通过市场、数字资产，从私域流量中获得发展自己的渠道，拓宽自己业务资金。对于企业来说，其用户既是消费者，也是投资人；其供应商既是合作者，也是生态链"关联"者。节点的质量、忠诚度越高，它跟企业的连接就越紧密，这样的企业价值就会越高。

凭借快速发展的信息技术、网络技术、数字技术、区块链技术等，使得节点经济拥有极高的渗透性属性，它可以迅速地向第一、第二产业扩张，使三大产业之间的界限模糊，实现第一、第二和第三产业数字化的融合趋势，为实体经济的发展贡献更多力量。

由新加坡 V 基金会打造的 SEA 公链便是节点经济中的实际应用案例之一，并且该例可以作为 DCEP 与职链结合的先例。SEA 开放平台和传统开放平台并不一样。在接入 SEA 平台之后，使用者只要下载之后，就可以和开发者建立联系，推荐用户使用就会有对应的激励。

SEA 是目前全球唯一支持可监管能力的商业公链，SEA 的项目主要服务于实体经济的发展，这些企业都有成熟的用户体系，通过提供商品和服务获取营业收入。未来，SEA 公链以及对应的链改的项目将会建立强大矩阵，在交易所会形成一个类似创业板创新板的专版，并以 SEA 为主线导向，真正服务于实体经济的发展。

随着央行 DCEP 的测试相继展开、应用，职链可以以 SEA 为参考，加速运用节点技术实现 DCEP 的流通。未来，职链与 DCEP 的融合演化重点在开放平台、超级节点、节点、身份识别方向领域，而这当中都充分体现了价值激励核心机制。其所带来的全新支付模式不仅将改变个人和企业、企业和企业间的清结算方式，还将催生新型商业模式，大幅提升企业数字化运营效率，推动节点经济时代快速到来。

## 第三节 职链+DCEP 的意义

一、转变薪资结算方式,助力数字货币改革

　　DCEP 与职链的融合实现,从本质上来说是电子货币与区块链技术的结合。数字货币是人类支付制度演进的必然结果,同时信息技术、加密技术有效赋能。而区块链是分布式数据存储、点对点传输、共识机制、加密算法等计算机技术的新型应用模式,具有可追溯、不可篡改、去中心化等特征。依托区块链技术以及对应的理念,DCEP 在比特币的基础上更进一步,致力于发展一个持续运转、抗屏蔽和自我循环的去中心化智能合约平台。这些数字虚拟货币的存在深刻影响了人类各种支付方式,助力信用货币到电子货币转变的改革。

二、促进个人支付方式的改写,推动支付新时代的开启

　　货币交易作为业务信息、物流信息、人流信息的表现基础,实质上链接了企业内部、企业与个人以及个人与个人之间的关系,是生产关系的表达和载体。DCEP 可以满足数字化时代更低成本、更安全、隐私保护等基本的诉求。DCEP 是交易需求不断扩展和信息技术发展下的必然结果,也是货币不断进步的显著表现,指引着未来支付的发展方向。DCEP 的落地挑战着如今微信、支付宝等电子支付平台的垄断地位,促进个人支付方式的革新。过去,在移动手机的影响下,我们已经由纸钞、储蓄卡、信用卡支付转变到"无现金"的手机移动支付,颠覆了传统支付方式。当下,随着区块链技术在金融领域的逐步渗透,DCEP 的诞生或许又将带我们重新改写个人支付方式,仅携带移动端,无须联网,无须额外手续,直接与

另一终端进行交易，全效替代纸币，提高效率、便捷性、安全性，开启下一个支付新时代。

### 三、加速传统贸易结算体系的颠覆，深化金融科技创新

职链与 DCEP 的融合从另一个层面来说也是一种"数据+货币"的结合。在数字经济时代，数据将成为驱动社会发展的动力。数据资源具有不可枯竭性、海量性、实时性和连续性的特征，数据将成为数字时代经济的资产，衍生新的商业形态，驱动经济发展。DCEP 将在自然世界与虚拟世界之间起着桥梁作用与枢纽作用，担负着交易与资产价值转移的功能，对于传统贸易结算体系是一个巨大的冲击。在以 DCEP 为核心的新兴产业生态的影响下，深度影响新兴的金融科技，未来会重塑经济运营模式，形成全新的经济格局，并产生不可逆的结果。同时，区块链技术赋能 DCEP，使得它在交易方面有着透明、安全、可信的天然优势。借助区块链核心技术，DCEP 不仅会改变个人支付方式，还将重塑企业间、国家间的支付结算方式，构建一个高效的结算网络也已经成为当前许多国家的共识。DCEP 的支付功能在跨境结算上将发挥积极作用，促进国际金融业务的发展。

# 第十四章　职链：预期效果与行业未来俯瞰

## 第一节　深刻见解预见职链蓝图

2017 年，据 CIETT 调查报告显示，发达国家的"灵活用工"雇用模式已经十分成熟，不少发达国家，如日本、法国、德国、美国的"灵活用工"在人力资源行业中占比达到 30% 以上，而中国的"灵活用工"的构成仅占到人力资源行业的 9%，进步空间极大。

在传统的招聘市场，由于信息不对称始终存在，求职者求职难和企业招聘难的问题并存，结构性失业极其严重。同时很多打着求职名号的中介充斥市场，严重扰乱求职市场的正常运行。此外，通过层层中介流转不仅效率低，而且成本高，用工单位付出的工资到工作者手里只有 70%～80% 了，形成恶性循环。信息不对称、中间环节多、匹配效率低、信用诚信度差等痛点一直困扰着整个行业。

职链平台的诞生，切中目前灵活用工平台的问题要害。其依赖的区块链技术，如分布式账本、广播、哈希函数、保密性、防篡改性、不可伪造性等，能够广泛应用于薪资发放、社保保障、适配工作推荐、保护数据安全等领域，它的落地必将掀起一波新的区块链＋金融浪潮。

## 第二节　职链引领社会新潮流

### 一、预期用户规模

职链平台利用区块链技术，深度挖掘劳动力市场供求失衡的原因并针对解决。职链平台形成的大规模客户群体和规模效应，预期解决失业问题，填补就业缺口。

### 二、预期经济效益

职链平台致力于缓解结构性失业问题，赋能灵活用工产业为劳动者提供适宜对口的工作推荐，预期会提高 GDP，降低失业率。

## 第三节　职链描绘灵活用工产业的未来宏图

### 一、征信鉴证的有效性

征信数据共享交易平台的搭建是基于区块链具有去中心化、时间戳、非对称加密和智能合约等特征。

在基于区块链的去中心化的共享征信模式中，征信机构之间可以实现数据与信息共享。同时，依靠区块链数据不可篡改的特性使得征信机构信用数据的真实性和评估结果的可靠性可以得到市场的检验，进而提升征信行业的服务质量。

目前，我国征信机构之间、征信机构与用户之间以及征信机构与外部机构之间存在严重的数据孤岛现象，造成征信机构、其他机构与用户这三者的信息不对称。一方面区块链技术的去中心化特性，可以实现征信机构与各方之间的数据的点对点联通，有效实现网络内各个节点信息共享，有助于打破数据孤岛，同时拓宽了征信机构掌握的客户信用信息的广度与深度，提升我国征信信息的人群覆盖率。另一方面，区块链的去中心化特征简化了操作流程，提高了征信机构的运行效率。

同时，各国银行为规避风险而采取各种措施导致客户征信和法律合规的成本不断增加。区块链技术特性可以使所有客户信息都存储在区块链中，一方面客户和交易的信息可实时更新与修正；另一方面在合法化的基础上，实现客户信息和交易记录的自动化加密关联共享，从而减少银行的核查与记录工作，提高了银行相关业务的运行效率，并且节约了大量的不必要成本。同时，银行也可以通过分析和监测在共享的分布式账本内客户交易行为的异常，及时发现并消除欺诈行为。

## 二、数字资产的安全性

区块链安全是无法忽视的问题，毕竟关系着用户的资金安全，而且不仅是直接危害用户，对于平台来说也是会造成巨大损失，若将区块链安全问题放在首位的话，可以解决更多的难题，同时也会获得更多的机会。

目前的多数加密钱包均是中心化钱包，信息数据很容易被窃取，而且一旦发生意外，用户资产丢失后难以追回。因此，对于大量资产持有者而言，"去中心化钱包"是更可靠的选择。

值得注意的是数字货币投资者交易时要反复确认转币对象的地址信息，因为数字货币的字符串非常复杂，而且交易一旦进行就不能撤回，资产转出去就不属于自己的了。此外，用户需要从主流的交易平台交易下载主流交易平台客户端；将自己的钱包进行信息复制保存；设置安全性高的密码；设置多个口令用于不同平台；定时查杀病毒；等等。

职链平台通过上述操作指示和周密的安全保障协议来切实保证数字资产的安全,让消费者放心。

### 三、薪酬发放的及时性

薪酬支付 BAAS 是一种基于区块链技术的数据接口整合服务,通过将多个关联方接入平台上形成系统节点网络,进行数据交换和资金转移。

当前全球薪酬服务的商业模式为"外包模式",即企业将员工的薪酬发放任务外包给人力资源服务商或者会计师事务所等,服务商根据企业系统记录的数据给企业员工发放合适数量的工资。

薪酬支付 BAAS 平台本质是一个技术性服务,为企业提供了便捷高效的薪酬支付服务,同时降低了服务成本。薪酬支付的用户由企业和职工两端构成,企业作为平台的核心用户,决定薪酬支付的方式,所以提供企业级服务是平台的定位。同时企业用户的另一端是职工个人用户,平台通过对个人用户的财务数据分享,可以形成用户画像,从而根据不同用户的专属特性精准引入金融机构向职工个人用户提供金融增值服务推荐。薪酬支付 BAAS 平台主要有以下特征:(1)技术性服务;(2)边际成本可趋零;(3)企业是核心;(4)通过 B2B2C 再 2B 的方式植入个人金融增值收费服务。

薪酬支付是企业端为保障企业正常生产持续经营所必须进行的活动,是义务,也是刚需,传统业务外包模式的盈利是基于服务企业的服务量向企业收取服务费用。但是在全新的技术支持下,服务成本大大减少,收费模式采用等级收费制度,将企业一定数量的业务设为免费或者以合作的模式进行一次性收费,而对超过一定业务量的部分按照支付笔数收费。

薪酬支付 BAAS 平台为企业提供了必须的薪酬支付服务,相对于传统薪酬支付模式,BAAS 平台效率高、成本低、风险小,信息数据安全性和私密性更强。平台在盈利模式设计上，按照等级和支付次数向企业收取技术服务费，并同时引入第三方增值服务商向职工个人提供金融增值服务而收取广告服务费，保证了薪酬发放的准确性、有效性和及时性。

## 四、清算、结算的高效性

区块链技术的有效应用，使得职链平台未来将对支付方式产生变革性的影响，使用区块链交易可以实现执行、清算和结算同步进行，大大减少了结算的成本，极大提高了清算结算的效率。

区块链采用分布式账本，区别于传统的集中式账本。交易将发送给指定的人员或权限，将其记录到分类账中。区块链的分布式分类账将该模型放在头上，分类账在用户网络中公开分享，每个用户都可以进行交易并通过加密的形式进行签名。同时区块链可以让每一笔交易更加公开透明。通信是在交换信息，交易则是在交换价值。这些都保证了清算结算的高效、稳定、全面。

以京东公司2018年全球购战略规划为例，在售中环节，京东建立区块链防伪追溯解决方案，实现"全程溯源"。在生产阶段通过区块链技术由品牌商为商品记录下第一条身份信息，随后进入京东海外仓、出口报关、国际物流、进入保税仓或直邮至中国海关口岸报单清关、国内分拣、京东自有物流配送、消费者签收等环节，现场工作人员都会为其独立记录信息，附有工作人员的数字签名和时间戳，且所有记录的信息都确保真实，无法被篡改。

## 五、共同拥抱"区块链＋灵活用工"大时代

传统的灵活用工平台使用的都是交易闭环模式，雇主需要在平台进行佣金预存，而接活企业或团队也需在平台领取佣金，如此一来，平台就成了一个备受关注的环节。被雇佣者的薪资是由平台发

放,那么资金的明细也只有平台自身清楚,这样雇主就会对预存提出质疑,因为数字资产很容易被篡改。而且在灵活用工模式下,平台作为对接企业与用户的中间商,需要同时保证任务的完成质量与薪酬结算,双方的信任问题全靠平台保障,对平台的运营压力非常大,也影响了平台的可持续增长。

区块链技术的引进极大地解决了这一问题,在引入区块链技术后,数字资产分布存储在平台所有用户,雇主可以查询,使得数据管理更加公开透明。由于区块链的不可篡改的特性,数据在平台不能随意更改,可以很好地解决雇主的信任问题。同时,雇主在平台发布任务,任务接收者与平台之间签订智能合约,保障双方的劳动关系,平台和雇主无法更改任务信息,保障团队和执行师傅干完活后,审核通过的任务可以及时领取佣金。

灵活用工这一新兴的劳动力寻找工作方式搭配新兴的区块链技术,可以预测未来一定会对传统劳动雇佣关系产生较大的冲击,深度改变劳动关系,走向"区块链+"时代。

众薪公司是一个专注于人力资源领域,提供灵活用工服务及人力成本优化方案的综合平台。其灵活用工模式的应用解决了企业传统用人方式的弊端,侧重全流程解决问题。平台具有极高的就业吸纳能力,可以容纳巨大的用户群体,针对不具备就业竞争优势的下岗失业人员来说,平台可以根据企业需要提供就业门槛低,对技术、技能和资金的要求不高的职业;而针对高新技术人才来说,平台可以提供额外的技术兼职,充分发挥高层次人才的技能优势。因此,众薪平台的包容性极大,行业和门类庞杂,同时机制灵活,进退方便,有利于吸引各种择业取向的人们加入。灵活用工可以解决下岗失业人员再就业问题,在促进劳动力结构调整中发挥重要作用。众薪的灵活用工结合大数据技术的应用推动了共享经济的发展,拉动整个社会劳动力变革。

第四部分

# 网络效应:灵活用工平台的"护城河"

书中前面章节详细叙述了灵活用工模式的产生及发展,就目前情况而言,灵活用工平台在产业变革的推动下已经得到了一定的扩展,并且其发展过程中的痛点问题也借助于区块链技术的特征,得到了有效的解决。但是灵活用工平台作为一种依托于互联网的线上平台,要想走向长远,一定不能忽略网络效应的影响力,并且学会利用双边网络效应与数据网络效应助力平台发展。

# 第十五章　网络效应助力灵活用工平台的发展

## 第一节　网络效应是什么？

### 一、网络效应的特点

网络效应是指如果有一种产品或者服务，它随着每一个用户人数的增加，自己本身的价值也会增加。简单来说就是，用的人越多，产品越好用。一个经典的例子是在电信系统中，当人们都不使用电话时，安装电话是没有价值的，而电话越普及，安装电话的价值就越高。在这个例子中，网络价值与网络中节点的数量的平方成正比。

在非常基础的层次上，网络是由节点和链接组成的。节点是网络的参与者、消费者。不同类型的节点在同一网络中可以有非常不同的角色。同一网络中的节点也会由于各种因素的影响在权力和价值方面有所不同。中心节点在网络中具有大量链接的节点，价值和权力也更大，边缘节点的链接相对较少，通常价值和权力也较小。节点的价值因网络而异，而网络大小又通过节点的数量来衡量，但是网络数量不是决定网络价值的唯一因素，网络活动量也是关键评估指标。链接是网络中节点或节点组之间的连接，节点不是平等的，链接也不都是相等的，链接具有方向性和强度两个特性，不同链接的方向性和强度可能会有所不同，这是一个关于两个节点之间的耐久性、紧密性和活动性的函数。

网络的密度由其链接与节点的比率决定。比率越高，网络越密集。通常网络密度越高，其网络效应就越强。链接的互连性有助于加强其他节点之间的连接。在网络中，密度通常不是均匀分布的。网络中某些区域的密度可能比网络中其他的区域高得多（图15.1）。

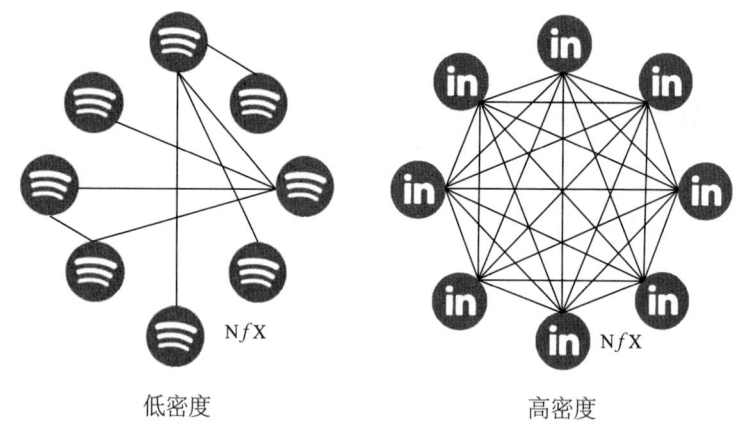

图 15.1 网络密度示意图

## 二、网络效应的作用

网络效应可以分为直接的网络效应和间接的网络效应。当网络效应存在时，如果没有人采用网络产品，那么它就没有价值，于是也没有人想用它。如果有足够的使用者，那么商品就会有价值，因此会有更多的使用者，商品也就会更有价值，因此网络效应引发了正反馈。

信息产品的作用是让使用者更好地获取交流信息，所以互联互通是主要需求，这种需求的满足程度与网络的规模密切相关。如果互联网络中只有一名用户，那么该网络就毫无价值；如果网络中只有少数用户，他们不仅会负担高昂的运营成本，而且信息交换的数量极为有限，使得成本高于收益。随着用户数量的增加，网络的规模经济逐渐发挥功能，各个用户承担的成本将持续下降，这种情况，即某种产品对一名用户的价值取决于使用该产品的其他用户的数量，在经济学中称为网络外部性（network externality），或称网络效应。

用一句话来概括网络效应的作用就是，网络效应通过双方之间的正反馈作用，产生规模经济，降低成本，提高价值，最终造成"胜者通吃"和垄断现象。

### 三、传统行业头部企业中的网络效应

互联网的网络效应可以在企业内部管理的诸多方面，如市场营销、供应链管理以及合作研究等，不仅提高了企业的运营效率，而且节省了管理成本。但是大部分中国企业只将 2% 左右的收入投入到互联网技术开发方面，是全球平均水平的一半。

自 2010 年以来中国的劳动生产率虽然增长了四分之一，但是中国很多企业仍然效率低下，当前劳动生产率也均是基于货币性的财务刺激，企业为提高生产力付出了大量资本性支出。阻碍企业效率的因素还有很多，比如官僚主义、市场外部环境等。麦肯锡全球研究院的报告指出，阻碍企业生产效率提高的一大主要因素是未能全面互联网化。目前只有 20%～25% 的中国企业业务目前基于互联网进行，仅为美国的三分之一左右。

如果能在传统行业的头部企业积极运用网络效应形成规模经

济,那么对于传统企业来说这绝对是一个腾飞的机会。比如在就业领域的品牌人力资源服务机构——智联招聘,2017年7月,智联招聘推出"企业智赢计划",依托强大的数据实力,颠覆传统招聘模式,建设开放职岗生态系统,重塑人力资源市场招聘服务标准;凭借大数据和AI技术打造开放的人力资本生态,让人才和机会更精准高效地建立连接,为生态内的合作伙伴创造更多价值;其旗下的人力资源服务外包,业务范围包括人事代理、服务外包、灵活用工、劳务派遣、业务流程外包等,依靠团队及大数据为客户提供人力资源服务,是智联招聘集团完善企业服务需求生态圈的业务产品。

在传统模式下,中小企业融资难是普遍存在的问题,银行往往倾向于大企业。但现在,百度、阿里、腾讯三家中国互联网巨头开始伸向中小企业,为中小企业提供小额贷款服务。基于互联网的支付系统可以有效帮助小企业进行对外贸易。互联网将帮助数以百万计的小企业在全国范围内形成协作,产生了提高生产力的强大网络效应。

## 第二节 灵活用工平台中的网络效应

### 一、双边网络效应

当场景换为双边市场时(一个由两个独立用户群体组成的交易场所,例如淘宝就是一个由消费者和商家组成的双边市场——虽然有的时候商家也会是消费者,但大体上是区隔比较明显的),这个时候会出现两种网络效应:同边网络效应(same-side network effect)和跨边网络效应(cross-side network effect)。同边网络效应实际上就是前文的网络效应。而通常说的"双边网络效应"实际上多指"跨边网络效应"。这指的是,市场一边的用户在市场中获取的价值取决于另一边的用户的数量。这在经济学上,称为"需求"和"供给"。

例如，对于滴滴专车这个双边市场而言，乘客的用户价值取决于司机的多少（司机越多，乘客等待时间可能越短），司机的价值取决于乘客的多少（乘客越多，司机空驶越少），也就是说，这两者会互相加强。所以，双边网络效应通常会导致强者愈强，最后导致寡头垄断或者赢者通吃。

对于灵活用工的劳动力市场来说，劳动需求方企业的价值取决于劳动力供给方（剩余劳动力）的多少，劳动力供给越多，企业进行灵活用工的空间就越多。劳动力供给方的价值同样取决于劳动力需求方的多少，企业越多，劳动力可选择灵活用工的目标就越多。所以双方在双边网络效应中互相加强对方的价值，双边网络效应对灵活用工形成积极作用。

## 二、数据网络效应

通用的网络效应的概念现在已经被很好地理解了：一种飞轮效应，当更多的人使用某种商品或服务时，这种商品或服务会变得更有价值。从电话系统（如果每个人都有一部手机，手机的价值就会增加）到脸书，再到许多市场。

虽然它们产生了许多相同的好处，但是数据网络效应更加微妙，通常人们对它们的了解也更少。举一个例子来说，如果一个产品由机器学习提供动力，当它从用户那里获得更多数据时，数据网络效应就会发生。换句话说：用户使用该产品越多，他们贡献的数据就越多；贡献的数据越多，该产品就变得越聪明（从核心性能改进到预测、推荐、个性化等）；产品越聪明，它就越能为用户提供更好的服务，他们就越有可能经常回来贡献更多的数据；等等。随着时间的推移，该产品提供的业务变得越来越根深蒂固，因为没有人能够这样好地为用户服务。

数据网络效应需要一定程度的自动化学习。当然，大多数运营良好的企业以某种方式从数据中"学习",但这通常是通过分析来完成的,人力分析师做了大量的工作,然后再有一个单独的过程来对产品或服务进行洞察。在循环中构建的自动化程度越高,你就越有可能获得飞轮效应。

在灵活用工市场中,企业通过收集不同素质、技能水平、背景的劳动力灵活用工数据,并通过庞大的数据库进行分析,不断学习和改进给劳动力推荐适合的工作算法,来吸引更多的劳动力选择该灵活用工平台。而该平台也可以利用更多的数据进行升级,最终增加双方价值。

## 第三节 网络效应与平台成长

### 一、区块链于网络效应的价值路径

网络效应在区块链技术上的体现主要是通过上链赋能,实现商品化过程。商品化过程将高度不同或者独特的商品或服务转变为可替换资源,这样,市场上卖家提供的商品之间的差异很小。商品化市场与价格下降和利润率下降有关,因为竞争者们难以使自身的产品区别于对手的,需要依赖基于价格的竞争。

第一,硬件。Ethereum 让你可以根据需要购买算力和存储资源。Golem、Storj、Truebit 等项目旨在通过去中心化网络进一步把硬件商品化。以这些技术为基础的产品不能依赖专用硬件作为关键的差异化因素。

第二,软件。开源软件是商品化的,公开的代码的一个运行实例与相同代码的另一个运行实例之间没有区别。由于可以在区块链上合理运行的应用程序是仅仅受益于信任最小化的应用程序,因此公开的源代码就是标准。

第三,数据。去中心化的应用程序依赖于公开可用的数据源,否则大众没有方法来验证交易。像 zk-Snarks 这样的隐私技术可能会掩盖公众的能见度，但是能够实现共享状态的加密数据集仍然是公开的。

在这样的市场中提供的产品或服务，要么参与价格竞争，迅速降低利润率，要么找出新的方法来把自身产品区别于他人。

一种区分的方法是发行 Token。Token 广泛应用于区块链协议级别（工作量证明、权益证明）和区块链应用层（去中心化预言机，token 策划管理注册表）中，他们存在可保护的 token 化。企业可以创造网络效应来支持其产品，拥有这个 token 的消费者将像特权阶级，会偏好该企业的产品而不是替代品。他们将成为该企业最大的倡导者，会将其产品推销给他们所有的朋友，这些朋友将跟着上车，从而形成庞大的客户群体。

## 二、可信人才银行的实现路径

提到网络效应实现可信人才银行就不得不提到脸书的网络人才策略。马克·扎克伯格在脸书中融合了大量原创理念，特别是那些即使在其他地方推出也无法完全发挥潜力的创意。此外，扎克伯格还推动脸书的服务不断进行自我创新，努力通过互相连接和开放性，实现信息的安全共享，这种理念也吸引了其他大量的具有远见卓识的人，形成网络效应的正反馈，使得越来越多的人才加入脸书帮助其做大做强。

脸书并不像其他竞争对手那样具有官僚主义，它主张追求开放享乐的企业文化，给员工自由发展的空间，集合员工的能力与资源挖掘改变世界的力量。基于这种文化，脸书在人才发展方面一直较为突出，从对手挖掘顶级人才已经成为他们引入人才的一种方式，同时收购大量新兴企业，而在这些新兴企业内存在很多明星级设计师，这些设计师和高管可以确保脸书在收购了这些公司之后，仍将继续保持他们的创新力。

## 三、灵活用工产业联盟链的实现路径

灵活用工产业联盟链的实现主要就是靠网络效应。所谓互联网灵活用工，本质是企业将自身业务外包给自由职工。依托互联网技术，平台建立一个在线交易市场，将供求双方汇集在一起，并进行实时匹配，提高业务撮合效率。商业模式上形成一个完整闭环：需求端工作越多，供给端就能更快地就近找到合适的工作；劳动力供给越多，需求端即可以更快招到更多的人。双方的边际效益提升明显，具有双边市场的网络效应。具体而言，企业将自己内部不能及时完成的任务外包出来，由没有职业的工作者接受并完成，企业根据业务完成情况支付佣金。这样一来，就解决了传统招聘市场的公司招聘难和求职者就业难以及信息不对称导致的"低效匹配"等痛点。

第五部分

# 职链：重塑灵活用工行业发展模式

在社会产业变革催生的生产模式下，灵活用工作为一种全新的用工体系将逐渐成为社会主流。职链通过区块链技术有效赋能灵活用工行业，搭建包括招聘、支付、管理、发展四个模块的灵活用工生态体系。在微观上，实现不同主体的多维度价值，提高社会劳动力质量，解决企业用工难和求职者求职难的双向问题，提高企业经济效益，降低社会用工成本。在宏观上，职链全新的用工模式将有效促进社会生产关系的变革，实现社会向前发展。

# 第十六章　赋能不同主体，解决用工体系难题

## 第一节　实现多维度价值

职链期待通过区块链赋能灵活用工产业，搭建包括招聘、支付、管理、发展四个模块的灵活用工生态体系，实现多维度价值。

第一，为国家创造价值。一方面，职链平台不仅能够实现招聘企业与求职者能力资质的快速匹配，减少摩擦性失业所带来的失业问题，还能通过设置教育培训模块，组织高尖端的人才队伍，对平台求职者、在职者等提供高质量的技能、知识等的培训，有效解决经济社会快速发展所带来的结构性失业问题，能够显著提升社会整体就业水平，降低失业率，同时利用区块链技术赋能灵活用工平台，有效革新生产关系，避免由于生产关系与生产力不适应所带来的生产效率低下问题，激发企业活力，促进就业创业，拉动经济发展。另一方面，职链平台通过"用工模式的转变+服务众

包关系＋独家优势"政策，响应国家税制改革，能够有效解决现阶段税务系统的压力。灵活用工模式出现所带来的纳税主体增加、纳税主体不确定以及纳税科目不明确给现有税务系统带来巨大压力，职链通过区块链赋能灵活用工产业能够有效地实现对灵活用工产业从业者的税务测算以及自动报税纳税，推动我国税务系统升级。

第二，为企业创造效益。其一，解除业务风险：职链平台能够有效实现对灵活用工产业从业者的监督，避免由于灵活用工模式所带来的从业者利用工作时间从事其他事务等带来工作效率低下的道德风险，同时实现对从业者业务流程的有效监管，避免由于业务流程失误等问题造成的危害。其二，解除用工风险：职链平台能够与人员个体建立合作关系，通过在线电签C端进行实名认证，再通过平台实现对求职者信息的有效甄别，利用区块链交叉验证技术有效保障信息真实性，避免由于求职者信息虚假造成的用工成本增加。其三，解除财税风险：职链平台为企业提供自动化的财税系统，自动甄别需要纳税的款项，自动报税纳税，降低财税造成的运营成本。其四，合理降本增效：多维度降低企业运营成本，促进企业生产效率的提升。

第三，为个人创造机会。其一，增加就业与创业机会：职链能够有效降低失业率，为更多求职者提供就业机会，同时职链作为灵活用工平台也为合作式劳动关系的转变提供完善的解决方案，为众多求职者提供创业的便利。其二，合理提高收益，依法便捷纳税：职链平台为求职者提供与雇主商谈的方式，有效提高求职者的收益水平，并且基于职链财税系统能通过享受职链合作税源地税收政策，按照经营所得进行完税，不仅便捷地处理个人纳税问题，还降低税务成本。

## 第二节　提供合理方案解决用工难题

职链平台基于区块链技术赋能灵活用工产业,为就业问题的解决提供合理完善的方案。

### 一、培训模块助力劳动力质量的提升

在现阶段,科学技术水平快速发展,区块链、人工智能、5G 等技术从诞生到快速发展的速度远远超过之前所有科技应用的速度,但是现阶段的教育水平远远无法满足人才需求,从课程设计到求职者求职的时间远远长于技术应用的时间,因此造成大量的新兴行业人才短缺现象,而部分行业的人才过剩,加之社会生产高度分工,劳动力行业间流转难度进一步加大,结构性失业问题严峻。

那么,如何使得失业人口能够快速学习新兴技术、补充新兴产业人才缺口、推动国家产业结构调整呢？ 职链平台设置教育培训模块,组织高尖端的人才队伍,对平台求职者、在职者等提供高质量的技能、知识等的培训,使之能够适应新兴行业需求。 同时,职链向成功在平台完成学习培训的用户提供学业证书,利用区块链不可篡改的特点,保证学业证书的可靠性,降低企业面临的用工风险。职链还实现了企业端与客户端对接,在企业与求职者均上传信息之后,平台内对两端的数据进行高效匹配,通过两端数据的对接,可以帮助企业和求职者解决招聘和求职的问题。 这也体现出职链的优势,职链基于对结构性失业的认识,利用全新的技术领域——区块链技术构建企业用工全流程管理平台,最大限度上降低结构性失业的比例,助力企业灵活用工。

### 二、职链蓄力灵活用工产业,促进生产关系变革

职链平台通过构建企业用工全流程的综合平台不仅可以为初创

企业提供专业的人力资源管理，降低企业用工成本，同时利用区块链不可篡改的技术，革新传统的绩效、考勤系统，能够有效实现对员工的监管，有效降低用工风险，助力灵活用工产业的发展，推动我国甚至是全球的经济发展。

相较于"BOSS 直聘"，职链通过区块链技术的赋能进一步保障了灵活用工产业的开放度和可信度。BOSS 直聘提出的核心解决方案是"直聊+精准匹配"，即通过将在线聊天功能引入招聘场景，让应聘者和用人方直接沟通，从而跳过传统的冗长应聘环节，提升沟通效率。职链在为自由职业者和用工企业提供合作平台的基础上，利用区块链技术的数字身份等优势，实现数据共享、可信有效和隐私保护，为灵活用工在共享经济时代提供了更好的解决方案。

### 三、区块链技术保障职链高质量生态构成

1. 去中心化特点降低用工风险及管理成本

职链利用区块链的去中心化的特点可以大大降低不完全市场的道德风险、逆向选择等问题，最大限度上降低企业用工风险。同时职链平台可利用区块链分布式账本、不可篡改的特性，记录求职者在每段工作期间的表现，招聘企业可通过平台信息评估求职者能力，大大提高企业员工的偷懒成本，不仅提高劳动者的劳动效率，同时避免由于效率工资带来的失业问题，以及由于劳动者工作效率低下的隐性失业问题。

2. 公开透明性保障就业公平，激发经济创造性

现实招聘中存在"因人画像""萝卜招聘"等现象，严重影响求职者的求职意愿，在很大程度上压抑了劳动者的求职意愿，造成严重的自愿失业现象。而职链利用区块链的公开透明性，将所有求职者的求职过程作为数据上链，在各节点公开共享，并且保证求职者—企业匹配的统一，最大限度保障就业公平性，促进高质量就业，充分利用现有的劳动力资源，避免发生劳动力失业问题。

# 第十七章　改革生产关系，助力国家经济发展

## 第一节　强大团队构建宏伟蓝图

李克强总理说："就业是民生之本、财富之源。""稳就业是保持经济运行在合理区间的关键性指标。各地区各部门都肩负着促进就业的重任，必须更加予以重视。"在国家稳定就业的大背景下，上海佶商科技有限公司在 2019 年 3 月成立。佶商科技研发了职链共享经济综合服务平台，为全国灵活用工业态企业和自由职业者提供服务。

佶商科技将以稳定就业为己任，提高自由职业者收入为出发点，结合企业自身的科技优势、金融优势促进我国灵活用工模式的发展，助力企业升级用工模式，为企业提供安全、高效、合规的服务平台。佶商科技核心团队成员，具有行业领先的结算系统设计研发能力。团队会聚国内实战经验丰富的资深财税专家、人力资源专

家、营销专家、高级会计师、专业培训师等团队，携手专业技术团队与法务、资本团队，本着务实、求真、求新的工作态度，极致、超越、颠覆的企业精神，助力企业转变用工模式，合法合规节省财税的智能 SAAS 平台，推动建设互联网为财税赋能的智能模式。同时，佶商科技在产品、服务质量方面美名远扬，拥有包括质量服务诚信主体 AAA 级、重服务守信用主体 AAA 级等在内的七项国家证书。不仅如此，在新生支付、中国工商银行、兴业银行、上海人力资源服务产业园东部园、盈科律师事务所、上海职业技能鉴定中心等的专业支撑下，佶商科技已经在灵活用工产业有了较为扎实的基础，开展区块链赋能灵活用工产业即职链平台，无疑是如虎添翼！

## 第二节　完美生态助力经济复苏

职链平台通过搭建招聘、支付、管理、发展四个模块覆盖企业用工全流程，在准入板块，职链将工作画像上链，利用数字身份的优势实现了数据安全共享和有效的隐私保护，并借助区块链技术鉴定学历、证书、签章等数据的有效性，平台成为信任背书，为各端提供有效保障；在运营板块，平台使用节点交叉验证签章和个人信息后，利用智能合约进行链上合同的签署与执行，杜绝伪签章、伪签字等现象，有效缓解了灵活用工产业中常见的合同争议问题；在激励板块，职链形成了通证闭环经济系统，主要应用在消费、培训等场景。职链构建了企业用工的完美生态体系，不仅有效解决求职者的就业问题，同时为企业生产效率的提升、生产成本的降低提供可行方案。

在当下全球经济仍未走出 2008 年全球金融危机及 2012 年欧洲债务危机带来的经济疲软，企业生产效率的改进、成本的降低对于全球经济复苏与发展更显重要。而职链作为区块链赋能灵活用工产业的方案，不仅能通过区块链技术有效解决结构性失业问题，降低企业运营成本，同时还能够通过对灵活用工产业的赋能有效提升企业的生产效率，激发员工的积极性。

## 第三节 伟大创新推动历史发展

职链平台将区块链技术赋能灵活用工产业，开拓区块链技术全新的可落地应用场景，不仅能够有力地推进灵活用工模式的发展，有效解决当下灵活用工产业的信息不真实、用工监管难等问题，同时还能够显著降低结构性失业所带来的失业率，使得社会失业率最大限度接近自然失业率，提升社会整体福利水平，降低企业运营成本的同时还提升劳动者的福利水平，激发劳动者创造力，提高经济整体效率。

正如之前介绍的 BOSS 直聘，现已成长为中国最大的移动互联网招聘平台，拥有国内丰富的招聘求职行为数据库和机器学习能力，并顺应移动互联技术的大潮，充分借助移动互联优势，助力劳动力市场上供给与需求的精准对接。可见，通过区块链技术赋能灵活用工产业，创建职链平台，能够推动生产关系由劳动雇佣关系向劳动合作关系的转变，推动历史发展。

## 第四节 企业价值引领中国经济腾飞

职链平台所带来的企业价值不单单局限于带来职链企业的经济效益、名誉效益等，更重要的在于对社会、对经济整体的助力，特别是在我国经济由之前的粗放式经济向集约型经济转型的经济新常态时期，人口红利、资源红利已经逐渐消失，经济进一步发展的动力更多的在于技术进步所带来的全要素生产率的提升。

职链通过用工模式的转变，采用合作方式推动企业生产模式和组织方式变革，增强企业创新能力和创造活力；建立服务众包关系，与用工企业和个人签约，完善两端业务流，降低企业结算风险；再在履行纳税义务的基础上，利用职链合作税源地税收政策的优惠，按照经营所得进行完税，通过职链发放的部分，不纳入综合所得进行年度合并并汇算清缴，帮助劳动者实现纳税成本最优化以及税收负担最低化，解决了传统税收高、税负大的问题。

由此可见，技术进步只有在实际可应用时才能够发挥其对经济、对社会的促进作用，职链便是提供了区块链在灵活用工产业的一种完善的可落地解决方案，同时还促进生产关系的革新，全方位助力中国经济进一步发展。